スピード攻略！ 美容師国家試験集中レッスン
CONTENTS

JN007938

本書の効果的な使い方

本書は、美容師国家試験によく出る内容を要点と一問一答形式の問題として、覚えやすくまとめたものです。

STEP1 要点編でよく出るポイントを確実に押さえる

絶対に外せない重要テーマを厳選しました。

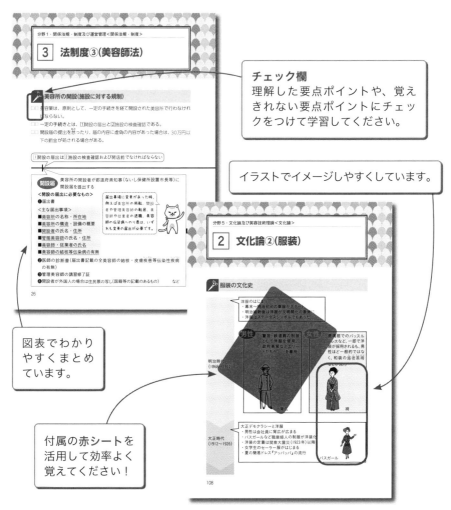

チェック欄
理解した要点ポイントや、覚えきれない要点ポイントにチェックをつけて学習してください。

イラストでイメージしやすくしています。

図表でわかりやすくまとめています。

付属の赤シートを活用して効率よく覚えてください！

ここに掲載しているページは見本で、本文とは一致しません。

筆記試験・よく出る問題編で試験問題を攻略

過去の試験問題をベースに、よく出るテーマの問題を○×
で答えられる一問一答形式の問題にしています。
繰り返し解いて、確実に答えられるようにしましょう！

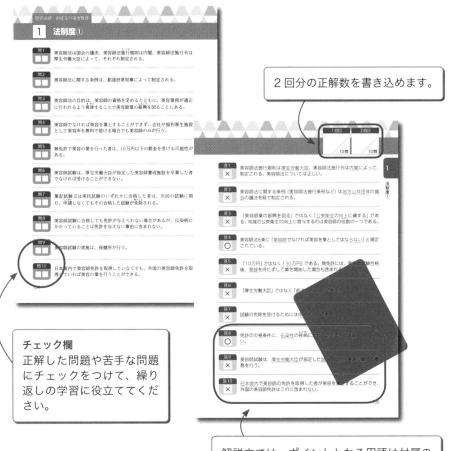

2回分の正解数を書き込めます。

チェック欄
正解した問題や苦手な問題
にチェックをつけて、繰り
返しの学習に役立ててくだ
さい。

解説文では、ポイントとなる用語は付属の
赤シートで隠れるようになっているので、
穴埋め問題としても活用できます。

本書の内容は、原則として 2023 年 7 月現在の情報に基づいて編集しています。
また、編集時点以降の法令改正情報や衛生実技試験審査マニュアル改訂情報等
は本書専用ブログ（本書最終ページにアドレスを記載）でフォローしています。

筆記試験の学習ポイント

美容師試験の筆記試験に合格するための基準をあらためて確認してみましょう。
筆記試験の合格条件は2つあります。

まず1つめ

> 55問中60%以上の正答率であること

55問の60%以上　→　33問以上
「以上」なので33問でも合格できます。

ということは……22問間違えても大丈夫！なのです。

　そう考えると、自信のない問題が出題されても「他の問題が正解していればOK！」と思えて、試験を落ち着いた気持ちで受けることができます。

　そして2つめ

> ■関係法規・制度及び運営管理
> ■公衆衛生・環境衛生
> ■感染症
> ■衛生管理技術
> ■人体の構造及び機能
> ■皮膚科学
> ■香粧品化学
> ■文化論及び美容技術理論
> 　　　のいずれの課目においても無得点がないこと

つまり、いくら22問間違えても大丈夫とは言え、苦手な課目を全く学習しないわけにはいかないのです。

でも、「無得点」じゃなければいいので、課目内で１問でも正解できればいいのです。

この点については、試験の際、課目ごとの得点に偏りがあっても気にしない、くらいに考えておきましょう。

では次に、課目ごとの学習ポイントをチェックしましょう。

関係法規・制度及び運営管理　　　　10問

＜関係法規・制度＞
★ここはとにかく「美容師法」をしっかり押さえる。

★まず美容師法が、「何について定めている法律なのか？」を理解する。

★美容師免許に関する問題は、合格後に美容師になったら必ず必要な知識。

★美容師法以外の法律は、２〜３問。

＜運営管理＞
★出題は２〜３問程度である。

★試験が新制度になってから新しく範囲に加えられたので、まだ出題実績があまりないが、保険制度や税金のことなど、まんべんなくとり上げられている。

★課目としては関係法規・制度とセットなので、運営管理の問題が解けなくても慌てないで！

衛生管理　　　　15問

課目として独立しているので、それぞれで得点が必要。

＜公衆衛生・環境衛生＞　　５問
★少子高齢化に関しては、その指標の数字が増えているのか減っているのかという傾向を押さえておく。

★生活習慣病である疾病の問題は頻出。

<感染症>　5問

★感染症の原因となる「細菌」と「ウイルス」が一体どのようなものなのかを学習する。

★感染を防ぐためにも、「どうやって」感染するのかを理解することが大切。

★「B型肝炎」に関する問題はよく出題される。

<衛生管理技術>　5問

★消毒の種類、方法を正しく理解する。

★「何を消毒するのか」、そしてそれは「血液が付着しているか否か」は消毒方法にとって大きな違いなのでしっかり覚える。

保健 10問

課目として独立しているので、それぞれで得点が必要。

<人体の構造及び機能>　5問

★主に施術に関わる「頭部」に関する出題が多い。

★「神経」「血液循環」「内分泌」に関する問題もコンスタントに出題されている。

<皮膚科学>　5問

★まずは皮膚と皮膚付属器官の構造を押さえる。

★それから皮膚がどのような役割を果たしているのかを理解する。

★皮膚の疾患について、毎回1問は出題されている。

香粧品化学 5問

★香粧品、つまり「香りの製品と化粧品」で、施術の際に使用する化粧品やヘアスタイリング剤、パーマ剤などについて問われる。

★「界面活性剤」と「パーマ剤」に関する問題は出題頻度が高い。

6

文化論及び美容技術論　　　　　　　　15問

<文化論>　3問

★試験が新制度になって新しく範囲に加えられたので、まだ出題実績があまり
　ないが、過去のファッションや髪型の流行、和装について出題されている。

★課目としては美容技術理論とセットなので、問題が解けなくても慌てない！

<美容技術理論>　12問

★取り扱う範囲が広いので、カッティング、パーマネントウェーブ、ヘアカー
　リング、ヘアカラーの技術についてはまんべんなく学習する。

★頻出の用具は「鋏（はさみ）」。

★ネイル、まつ毛エクステンションの問題もコンスタントに出題されている。

HELPFUL TIPS!　**試験の用語**

　試験勉強をしていると、日常生活ではあまり使わないけれど、**試験ではよく見かけ**
る類（たぐい）の言葉があることに気がつくと思います。

　それらの一部を少し確認しておきましょう。

寄与（きよ）…役立つこと

業とする（ぎょうとする）…仕事とする、職業とする

講ずる（こうずる）…考えて、適当な方法をとること

資する（しする）…役立つこと

疾病（しっぺい）…病気

手掌（しゅしょう）…てのひら

処される（しょされる）…刑罰を与えられる

μW/cm^2（マイクロワット / 平方センチメートル）…μは10^{-6}（百万分の一）、Wは電気
　などの大きさを表す単位

落屑（らくせつ）…皮膚が角質片となってはがれ落ちること

り患（りかん）…病気にかかること

美容師国家試験　ガイダンス

試験に関する情報は本書編集時のものです。変更される場合がありますので、受験される方は、事前に必ずご自身で試験実施団体の発表する最新情報を確認してください。

◆試験日程
■実技試験：8月と2月の年2回
■筆記試験：9月と3月の年2回

◆実技試験
■合格基準：次の（1）及び（2）の両方の条件を満たしていること
（1）衛生上の取扱試験…減点が20点以下であること
（2）基礎的技術試験（①及び②の両方の条件を満たしていること）
　　①第1課題の減点が30点以下であること
　　②第2課題の減点が30点以下であること

◆筆記試験
■出題形式：四肢択一
■出題数：55問
■試験時間：100分
■合格基準：次の（1）及び（2）の両方の条件を満たしていること
（1）55問中60％以上の正答率であること
（2）関係法規・制度及び運営管理、公衆衛生・環境衛生、感染症、衛生管理技術、
　　人体の構造及び機能、皮膚科学、香粧品化学、文化論及び美容技術理論
　　のいずれの課目においても無得点がないこと

◆試験に関する問い合わせ先

公益財団法人　理容師美容師試験研修センター
〒151-8602　東京都渋谷区笹塚2－1－6　JMFビル笹塚01（8F）
（電話）　03-5579-6875（試験部）
（ホームページURL）　https://www.rbc.or.jp/

実技試験編

「衛生実技試験審査マニュアル」の改訂部分（2021 年 7 月以降公表分）には、アンダーラインを引きました。

1 第1課題

 カッティング

■試験の流れ

モデルウイッグの顔面拭き取り（1分間）

| 準備（7分間） | カッティング作業（20分間） | | 仕上がり審査 |

■持参用具リスト

□ モデルウイッグ ……………… 1体　　□ 乾燥タオル ………………… 2枚
□ カッティングシザーズ ……… 1丁　　□ ダックカールクリップ ……… 適量
□ コーム ……………………… 1本

■準備

1. 汚物入と除菌用ウェットティッシュ、敷物及び雑巾を取り出す
2. 敷物及び雑巾を床の上にセットし、汚物入を作業しやすい位置にセットする
3. 手指を消毒する
4. 全課題に使用する用具類とその課題に使用する用具類のみを机の上に出す
5. モデルウイッグを金具に取り付ける
6. モデルウイッグの頭髪をスプレイヤーで濡らし、梳く

> この準備作業は第2課題のワインディングも共通

> カッティング作業に入ると机に出した用具以外は一切使えません。用具の出し忘れには気をつけましょう。

■カッティング作業

仕上がり例

レイヤースタイルが条件

ブロッキング

ブロッキングをしてからカッティングを行う。分け方は6ブロックが基本である。

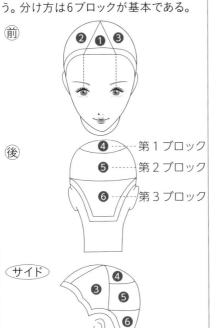

前

後
- ④ ……第1ブロック
- ⑤ ……第2ブロック
- ⑥ ……第3ブロック

サイド

カッティング

❶アウトラインをカットする

ネープのガイド
→もみあげのガイド
→両方をつなげる

❷第3(⑥)→第2(⑤)→第1(④)ブロックの順にカットする

それぞれ、上端のガイドを10cmにカットしたら下部分(の上端)とつなげる縦パネルをつくった後、中央→左右の順にカットしていく

❸フロントをカットする

フロントのガイド
→もみあげのガイド
→両方をつなげる

❹サイド→仕上げのフロントをカットする

仕上げのフロントはトップとフロントの両ガイドをつなげた後、トップポイントを中心に、放射状にスライスしてカットする

11

2 第２課題(ワインディング)

 ## ワインディング

■試験の流れ

モデルウイッグの顔面拭き取り(1分間)

| 準備（7分間） | ワインディング作業（20分間） | | ＞仕上がり審査 |

■持参用具リスト

□モデルウイッグ …………………1体	□ワインディング用ペーパー…適量
□ロッド …………………………適量	□輪ゴム …………………………適量
（使用できるのは50～55本）	□コーム …………………………1本
□ロッドケース …………………1個	□乾燥タオル …………………2枚

■上巻きと下巻き

上巻き	下巻き
上巻きは**オンベース**に巻き収める。したがってストランドを頭皮に対して120～135°に引き出して巻く。	下巻きは1/2オフベースで巻き収める。したがってストランドを頭皮に対して直角(90°)に引き出して巻く。
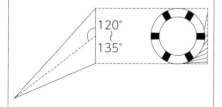	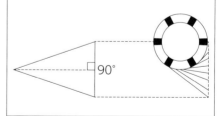

■ワインディング作業

仕上がり例

ラウンドスタイル

ブロッキング

ワインディングの場合もブロッキングを行う。ラウンドスタイルの場合は12ブロックに分ける。

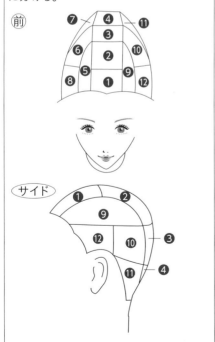

前

サイド

ワインディング

❶センター部分をワインディングする

第2→第3→第4ブロックの順にワインディングしていく。第2ブロックは上巻き、第3〜4ブロックは下巻きで巻いていく

❷フロント部分をワインディングする

上巻きで巻いていく。5本目のロッドは次に行くバックサイド部分とつながるように巻き収める

❸バックサイド・サイドをワインディングする

第5・第9ブロックは上巻き、第6〜第8と第10〜12ブロックは下巻きで巻いていく

❸´第1ブロックの残りをワインディングする

第5〜第8ブロックを巻き終えたら、第9ブロックに行く前に第1ブロックの残りを上巻きで巻いて収める

実技試験　第2課題（ワインディング）

13

3 第2課題（オールウェーブセッティング）

 オールウェーブセッティング

■試験の流れ

モデルウイッグの顔面拭き取り（1分間）

準備（7分間）	オールウェーブセッティング作業（25分間）	仕上がり審査

■持参用具リスト

□モデルウイッグ ……………… 1体
□ボビーピン …………………… 適量
　（アメリカピン）
□オニピン ……………………… 適量
□補助ピン
　（シングルピンないしダブルピン）… 適量

□ピン皿 ………………………… 1枚
□コーム ………………………… 1本
□セットローション …………… 1本
□タオル ………………………… 2枚

■準備

❶ 第1課題だけで使用する用具類をカバン等に収納する
❷ 手指を消毒する
❸ 第2課題に使用する用具類を机の上に出す
❹ モデルウイッグを金具に取り付ける
❺ モデルウイッグの頭髪に**セットローション**を塗布する
❻ **オールバック**にとかしておく

■オールウェーブセッティング作業

終了時の例

ノーパート7段の
オールウェーブ。
フィンガーウェー
ブとピンカールで
構成される

コームアウト時の想定

オールウェーブ		

3～6段目は1段を1/3ずつに3等分し、左・中央・右にパート分けする。

	左	中央	右
1段目	カウンタークロックワイズワインドカールのスカルプチュアカール　5～6個		
2段目	フィンガーウェーブ		
3段目		スカルプチュアカール	
4段目		リフトカール	
5段目		リフトカール	
6段目		メイポールカール	
7段目	クロッキノールカール		

　……フィンガーウェーブ

7段目が終わって巻き残った部分は、
ターンステムで処理をします。

15

4 衛生試験①

 ## 試験の流れ

衛生面に関する事項は、準備時間と試験時間の各時間に分けて審査される。

衛生試験	衛生試験		衛生試験	衛生試験
準備	第1課題		準備	第2課題

 ## 第1課題の準備時間中に行う審査事項

身体及び服装等に関する事項は、最初の準備時間中に審査される。

また、用具類の審査は原則として各準備時間にそれぞれ行うが、衛生用具類は全課題共通であることから、最初の準備時間中に審査を行う。

身体	❶頭髪(10点) ・清潔にしていること ・作業の妨げにならないよう適切に処置していること ❷手指(10点) ・清潔にしていること ・傷やアカギレ等がある場合は、作業に支障がないようゴム手袋又は指サック等で適切に処置していること	❸爪(10点) ・1mm以下に切りそろえ、清潔にしていること ・濃色のマニキュア等による装飾をしていないこと

服装等	**❶作業衣**(30点) ・**清潔**なものであること ・毛髪等が上半身の衣服に付着しないよう正しく着用すること ・作業衣からサポーターや包帯等を<u>露出させないこと。治療目的の場合は申し出ること</u> **❷衣服**(10点) ・**清潔**で作業しやすいものであること ・<u>タイトスカート等、脚の動きを制限するようなものでないこと</u> ・ズボンは大きな破れ又は裂け目のないものであること ・ズボン又はスカート丈は、裾_{すそ}が床面に接触しないもので、かつ、膝が露出しないものであること **❸マスクの着用**(30点) ・常時鼻や口を覆_{おお}うよう**正しく着用の**こと ・マスクは**白色又は淡色**で無地のものであること	**❹履物**(10点) ・**安全面**で作業に適したものを正しく履くこと ・毛髪が足の甲に付着しにくい衛生面に配慮した型のものであること **❺装飾品等**(10点) ・手指及び腕には、時計並びに指輪及び腕輪等の装飾品を**装着しない**こと ・ネックレス等の装飾品は、作業衣から<u>露出させないこと</u> **❻手指消毒**(30点) ・各課題の準備時間に、**除菌用ウェットティッシュ**により手指消毒をすること ・毛髪の濡らし又は梳_すかしの準備作業は、手指消毒後に行うこと ・傷やアカギレ等がありゴム手袋又は指サック等で適切に処置している場合、手指消毒は装着したまま行い、**仕上がり審査終了まで外さないこと**
衛生 用具	**❶有無**(30点) ・器具皿は、プラスチック製又は金属製で、**不透明**で毛髪の付着が容易に確認できる色のものを2枚用意すること ・消毒薬は、成分表示欄に「**エタノール**」と明記されていることが外見から確認でき、ペーパーが乾燥していない**除菌用ウェットティッシュ**を用意すること ・汚物入は、透明で無色又は淡色の**ビニール袋**を用意すること ・**救急ばんそうこう**、ビニール敷物及び雑巾_{ぞうきん}を用意すること	**❷表示**(20点) ・除菌用ウェットティッシュに「**消毒薬**」、汚物入用透明ビニール袋に「**汚物入**」、タオル収納用透明ビニール袋、ピン皿及びロッドケース(蓋を含む)に、作業中に見やすい位置に「**消毒済**」とそれぞれ表示すること ・器具皿には、作業中に見やすい位置に「**消毒済**」及び「**使用中**」と表示すること

17

5 衛生試験②

 各課題の準備時間中に行う審査事項

　衛生用具類以外の用具類は、課題により異なることから各課題の準備時間ごとに審査される。

用具類	❶衛生状態(20点) ・消毒済で清潔なものであること ・タオル類は、白色又は淡色で、消毒済のものであること ・カッティング作業により毛髪等が付着した消毒済器具皿は、汚れを拭き取ってから第2課題に必要な消毒済器具を収納すること ❷個人特定情報の表示(30点) ・作業衣及び用具類に個人特定情報である氏名、学校名又は店名を表示しないこと	❸収納方法(30点) ・未使用のコーム、シザーズ、ダックカールクリップ等は消毒済器具皿に納めること ・準備作業又は課題作成作業で使用したコーム、ダックカールクリップ等は使用中器具皿に納めること ・ボビーピン及びオニピンは、消毒済ピン皿に納めること ・ワインディング用ロッド、ペーパー及び輪ゴムは、ロッドケースに納めること。ただし、ワインディング用ペーパー及び輪ゴムをロッドケースに納めることが困難なときは、専用容器又は乾燥タオルの上で管理すること ・着用していないマスクは作業衣又は衣服のポケットで管理すること

試験時間中の審査事項

落下用具類の使用許可 (30点)	・タオル類以外の用具類を床に落下させ、これを再使用する場合は、除菌用ウェットティッシュで消毒し、衛生実技試験委員の許可を得ること ・タオルを床に落下させた場合は、再使用しないで汚物入に入れること
モデルウイッグの取り扱い (20点)	・人体と同じように丁寧に取り扱うこと ・不自然な角度にして作業しないこと
出血応急処置 (30点)	・けがをしたときは、その程度により乾燥タオルを使用して傷口を押さえ、除菌用ウェットティッシュで血液を拭き取り、救急ばんそうこうで止血処理をすること
用具類の貸借・追加取り出し　(30点)	・他の受験者との間で用具類の貸借をしないこと ・他の受験者の用具類を一切使用しないこと ・課題作成作業時間中にカバン等から用具類の追加取り出しをしないこと
迷惑行為 (20点)	・他の受験者に話しかけ又は会話をしないこと ・他の受験者との接触、作業台の揺らし、音出し等の迷惑行為をしないこと
作業姿勢 (10点)	・作業中に膝を床に直接接触させないこと このような膝を直接床につける姿勢で作業しない
指示違反 (30点)	・試験室内では、図書や書類をすべてカバンに収納し、閲覧しないこと ・試験の開始及び終了の合図を遵守すること ・準備作業終了後、「作業始め」の合図があるまでモデルウイッグ及び用具類に触れないこと ・「作業止め」の合図で直ちに用具類を所定の場所に納めたら、モデルウイッグ及び用具類に触れないこと

✂ その他の審査事項

準備時間前	**モデルウイッグに対する禁止行為**(30点) ・受験者の個人特定情報の表示
作業終了後	**❶汚物入への収納状況**(20点) ・使用済の除菌用ウェットティッシュ、使用済タオル、タオル収納用ビニール袋、使用済の救急ばんそうこう、救急ばんそうこうの包装紙、再使用しないワインディング用ペーパー及び輪ゴムは汚物入に入れる ・汚物入に入れることを**指定されたもの以外は汚物入に収納しない** **❷作業終了後の用具類収納状況**(30点) ・汚物入に収納するもの以外の用具類を定められた方法により管理する **❸出血事故の処理状況**(30点) ・出血事故の処置後に出血した血液が用具類に付着した場合は、作業終了後に行う顔面拭き取り作業で拭き取る

✂ 全課題共通の持参用具類

　各課題でのみ必要な用具はすでに記載したが(p10、p12、p14参照)、全課題共通の持参用具類は以下のとおりである。

■**全課題共通用具リスト**

□作業衣 ………………………１着	□除菌用ウェットティッシュ …適量
□マスク …………………………１枚	□ビニール製敷物 ……………１枚
□モデルウイッグ用取付金具 …１個	□雑巾 ……………………………１枚
□器具皿 ………………………２枚	□汚物入用透明ビニール袋 …１枚
□スプレイヤー……………………１個	□救急ばんそうこう……………適量

上記のうち、衛生上の観点から用意する器具皿、除菌用ウェットティッシュ、汚物入用透明ビニール袋、救急ばんそうこう、ビニール製敷物および雑巾がいわゆる「衛生用具類」に当たります。

筆記試験・要点編

1 法制度①（美容師法）

 ## 美容師法の基本

■美容師関係法

法令	制定権者	美容師関係法
法律	国会	美容師法
政令	内閣	美容師法施行令
省令	各省の大臣（美容師関連法の場合、厚生労働大臣）	美容師法施行規則
条例	地方公共団体（都道府県ないし市町村など）の議会	美容師法施行条例

■美容師法の目的・定義

目的 （1条）	❶美容師の資格について定めること ❷美容業務が適正に行われるように規律すること ❸公衆衛生の向上に資すること
定義 （2条1項）	美容＝パーマネントウェーブ、結髪、化粧等の方法により、容姿を美しくすること

□□ 上記の目的を達成するために、美容師法では、①人（美容師）に対する規制と②施設（美容所）に対する規制、と大きく2つに分けて定めを置いている。

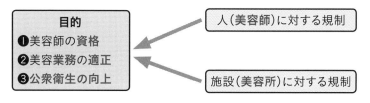

資格制度(人〔美容師〕に対する規制)

□□ 美容師法では、美容師に対する規制として資格制度を設けている。

□□ わが国で美容業を行うことができるのは美容師免許を受けた者に限る（業務
独占資格）。

> 美容師法6条の規定です。
> この規定があるので、たとえ会社の福利厚生施設において、
> 無料で行う場合であっても、美容師の免許がある者でなけれ
> ば美容業を行ってはなりません。
> また、外国の免許ではだめで、日本の美容師免許でなければ
> なりません。

□□ 無免許で美容業を行った者は30万円以下の罰金を受ける。

> 「無免許」には、美容師試験合格後、登録（→p25）を待たずして
> 業を開始した場合も含まれます。

■試験

受験資格	・都道府県知事指定養成施設において美容師に必要な知識・技能を修得した者 ・年齢、性別、国籍は問わない ・受験回数に制約なし
試験実施機関	・厚生労働大臣が指定した「公益財団法人 理容師美容師試験研修センター」
試験の免除	・筆記試験か実技試験のいずれかの合格者は、次回試験に限り、申請した場合には合格した試験を免除される

□□ 試験の合格者には、試験実施機関である公益財団法人 理容師美容師試験研
修センターから合格証書が交付される。

2 法制度②(美容師法)

美容師免許(人〔美容師〕に対する規制)

申請 試験の合格者が厚生労働大臣から委託を受けた指定登録機関(公益財団法人 理容師美容師試験研修センター)に申請する

合格	合格証書交付

＜免許申請に必要なもの＞
❶美容師免許申請書

➡ 合格証書に書かれた番号を記入する

➡ **欠格条件**…試験に合格しても免許が与えられない場合(法3条2項)

　ⅰ **無免許**営業したことがある者 …**1**
　ⅱ 免許**取消処分**(業務停止処分違反)を受けたことがある者 …**2**

　ⅲ **心身の障害**により業務を適正に行うことができない者 …**3**

➡ 外国人の場合は国籍を記入すればよい

❷医師の診断書(精神機能障害に関するもの) …**3**
❸現在の戸籍謄本等
❹登録免許税
❺申請手数料

免許証を紛失等した場合	免許取消処分を受けた場合	業務停止処分を受けた場合
厚生労働大臣(指定登録機関)に再交付を申請できる ※再交付後に発見した場合、5日以内に返納しなければならない	速やかに厚生労働大臣(指定登録機関)に免許証(免許証明書)を返納する	速やかに処分をした都道府県知事等に免許証(免許証明書)を提出する

免許の効力		
効力発生時期	登録の時点から生じる	
有効期限	ない。取消処分を受けない限り有効	
効力の範囲	日本全国に及ぶ	

免許交付後
の種々の
変更手続き

死亡した場合

戸籍法上の届出義務者が30日以内に名簿登録の消除を申請しなければならない。免許証も返納する

免許証(免許証明書)交付

登録 指定登録機関(公益財団法人 理容師美容師試験研修センター)が備える美容師名簿に必要事項を登録する

＜主な登録事項＞
■本籍地(外国人の場合は国籍)
■氏名
■美容師試験合格の年月　など

■本籍地または■氏名に変更があった場合

訂正の申請

住所は登録事項に含まれていないので変更しても訂正は不要です。

厚生労働大臣ないし
指定登録機関(公益財団法人 理容師美容師試験研修センター)に対して

❶30日以内に名簿の訂正を申請しなければならない
❷免許証(免許証明書)の書換え交付を申請することができる

3 法制度③（美容師法）

美容所の開設（施設に対する規制）

□□ 美容業は、原則として、一定の手続きを経て開設された美容所で行わなければならない。

□□ 一定の手続きとは、①開設の届出と②施設の検査確認である。

□□ 開設届の提出を怠ったり、届の内容に虚偽の内容があった場合は、30万円以下の罰金に処される場合がある。

> ①開設の届出は②施設の検査確認および開店前でなければならない

開設届 美容所の**開設者**が**都道府県知事**（ないし保健所設置市長等）に開設届を提出する

＜開設の届出に必要なもの＞

❶届出書

＜主な届出事項＞

■美容所の名称・所在地

■美容所の構造・設備の概要

■開設者の氏名・住所

■管理美容師の氏名・住所

■美容師・従業者の氏名

■美容師の結核等伝染病の有無

> 届出事項に変更があった時、例えば美容所の移転、開設者や管理美容師の転居、美容師や従業者の退職、美容師の伝染病へのり患は、いずれも変更の届出が必要です。

❷医師の診断書（届出書記載の全美容師の結核・皮膚疾患等伝染性疾病の有無）

❸管理美容師の講習修了証

❹開設者が外国人の場合は**住民票の写し**（国籍等の記載のあるもの）　　など

開設者

美容師で
なくてもよい

法人も開設者
になることが
できる

2カ所以上兼ねる
ことができる

地位の承継

相続等により開設者に変更が生じた場合、新たな開設の届出は不要。都道府県知事等へ承継した旨の届出で足りる

管理美容師

職務	施設・業務の衛生管理
資格	美容師免許取得後3年以上美容業に従事し、都道府県知事指定の講習会の課程を修了した者
条件	・美容師が常時2人以上いる場合は必置である ・同一人が2カ所以上の管理美容師を兼務することはできない ・開設者が美容師資格を有している場合、自ら管理美容師になれる

②施設の検査確認は①開設の届出後開店前でなければならない　　　開店

検査確認　開設者は、美容所の構造設備について**都道府県知事**（ないし保健所設置市長等）の検査確認を受けなければならない

変更届・廃止届

開設者は開設届出事項に変更があった場合や美容所を廃止した場合速やかに都道府県知事（ないし保健所設置市長等）に変更届ないし廃止届を提出しなければならない。
手続きを怠った場合、30万円以下の罰金に処される場合がある。

美容師が伝染性疾病にり患した場合の変更届には
医師の診断書も添付しなければなりません。

4 法制度④（美容師法）

人（美容師）及び施設（美容所）の義務

□□ 人（美容師）及び施設（美容所）の義務として、大きく❶衛生措置義務と❷美容所以外での美容（出張美容）の原則禁止の２つがある。

❶衛生措置義務

人（美容師）	施設（美容所）	
美容師法8条	美容師法13条	美容師法施行規則
① 皮ふに接する布片及び皮ふに接する器具を清潔に保つ ② 皮ふに接する布片を客1人ごとに取り替え、皮ふに接する器具を客1人ごとに消毒する 『消毒法』p59参照	① 常に清潔に保つ ➡	ⅰ 床及び腰板にはコンクリート、タイル、リニューム又は板等不浸透性材料を使用 ⅱ 洗い場は流水装置 ⅲ ふた付きの汚物箱・毛髪箱を備える
	② 消毒設備を設ける ➡	ⅰ 煮沸・蒸気消毒器 ⅱ 消毒液容器　など
	③ 採光、照明、換気を充分にする ➡	ⅰ 採光、照明は直接作業を行う場合の作業面の照度→100ルクス以上 ⅱ 換気は空気1ℓ中の炭酸ガス量5㎤以下
③ その他都道府県が条例で定める衛生上必要な措置	④ その他都道府県が条例で定める衛生上必要な措置	

❷出張美容の原則禁止

出張美容の原則禁止 （美容師法7条本文）	衛生措置をとりづらい美容所**以外**での美容業務を原則禁止することで、**衛生措置義務の実効性を担保**
出張美容の例外的許容 （美容師法7条但書）	**特別の事情**がある場合には例外的に**出張美容**を行える 政令（美容師法施行令4条） ⅰ **疾病**等で美容所に来ることができない場合 ⅱ **婚礼**等儀式参加者に対して**直前**に美容を行う場合 ⅲ その他都道府県等**条例で定める**場合

特別の事情が認められれば、管理美容師に限らず、すべての美容師が出張美容を行うことができます。

HELPFUL TIPS!　条例で定めることができる事項

「美容師法に基づいて条例で定めることができる事項」を問う問題は頻出です。

正解は今開いているページに書かれています。今開いているページで「条例で定める」と書かれているのはどこでしょう？

まず28ページに2つあります。1つめが人（美容師）が美容の業を行う場合に講ずべき「衛生上必要な措置」、そして2つめが美容所（の開設者）が美容所につき講ずべき「衛生上必要な措置」です。

3つめは29ページにあります。「美容師が美容所以外の場所で美容の業を行うことができる場合」（出張美容）です。

条例で定めることができる事項は、「衛生措置義務2つと出張美容1つ」とまとめて覚えておくとよいでしょう。

5 法制度⑤(美容師法)

 立入検査

□□ 人(美容師)及び施設(美容所)が義務づけられている衛生措置を適切に行っ
ているかについて、都道府県知事(ないし保健所設置市長等)は指導・監督
を行うことができる。

□□ 実際の指導・監督は、都道府県知事等からの指揮・監督を受けて、保健所
(長)が行っている。

■保健所の役割

□□ 保健所は、地域における公衆衛生活動の中心として、都道府県等が設置する
衛生行政機関である。

□□ 保健所には技術職員として医師・薬剤師・獣医師・保健師などが配置される。

地域保健法に基づく保健所に関する主な定め	
保健所を設置することができる行政主体(5条1項)	都道府県、指定都市、中核市、政令で定める市又は特別区
保健所の代表的業務(6条)	・地域保健に係る統計に関する事項 ・住宅、水道など環境衛生に関する事項 　(美容師法に関する業務を含む) ・母性、乳幼児並びに老人の保健に関する事項 ・歯科保健に関する事項 ・治療方法が確立していない疾病等により長期に療養を必要とする者の保健に関する事項 ・結核、伝染病等疾病予防に関する事項 　　　　　　　　　　　　　　　　　など

■**立入検査**

□□ 保健所が行う指導・監督のうち、美容所との関係でもっとも重要なものが立
　入検査である。

<立入検査に関する法の定め>

検査をする職員	環境衛生監視員
実施内容	❶美容師がとるべき 　衛生上必要な措置（美容師法8条） ❷美容所が講ずべき 　衛生上必要な措置（美容師法13条） 　の実施状況に関する検査 環境衛生監視員は身分証明書を携帯し、請求があった場合はこれを提示しなければならない
立入検査への妨害行為	・立入検査に対する拒否、妨害、忌避等の妨害行為 ・妨害行為をした者は開設者、従業員、家族等にかかわらず30万円以下の罰金

環境衛生監視員は、立入検査を主な業務とする保健所職員です。
美容所以外にも理容所、旅館・ホテル、公衆浴場、クリーニング
工場などへの立入検査、墓地、火葬場、プール、海水浴場の監視
指導などを行っています。

6 法制度⑥（美容師法）

 ## 違反者等に対する行政処分

□□ 美容師に対する処分として、業務停止処分と免許取消処分がある。

■人（美容師）に対する処分（美容師法10条）

業務停止処分	①法の規定に違反して、**美容所以外**の場所で美容業務を行ったとき（特別の事情がある場合を除く） ②法の規定に違反して、**衛生措置**を講じなかったとき ③美容師が**伝染性の疾病**にかかり、就業が公衆衛生上不適当と認められたとき
免許取消処分	①**心身の障害**により美容師の業務を適正に行うことができない者とされたとき ②**業務の停止処分**に違反したとき

□□ 美容所の開設者に対する処分として、閉鎖命令がある。

■施設（美容所）の開設者に対する処分（美容師法15条）

閉鎖命令	①美容所の開設者が法の規定に違反して、**管理美容師**を置かなかったとき ②美容所の開設者が法の規定に違反して、**衛生上必要な措置**を講じなかったとき ③美容所の開設者が、美容師**ではない者**や**業務停止処分**を受けている美容師に美容業を行わせたとき ④法の規定に違反して、**美容師**が衛生措置を講じなかったとき。ただし、美容所の開設者が違反行為を防止するために相当の注意及び監督を尽したときは除く

罰則 <small>ばっそく</small>

□□ 美容師法における美容師と美容所に対する罰則は、罰金だけである。

□□ 罰金は30万円以下。

□□ 罰則が科される行為

　①無免許

　②開設届の不提出・虚偽など

　③未検査確認での営業

　④環境衛生監視員への妨害行為

　⑤閉鎖命令違反

 再免許

□□ 免許取消処分を受けた場合であっても、場合により再免許を与えられる。

> **＜再免許を与えられ得る場合＞**
>
> ①の事情がなくなったと判断された場合
>
> ②の違反行為に対する反省の意を示すことを厚生労働大臣に申し出た場合

HELPFUL TIPS! 　**違反者等に対する行政処分**

　行政処分の問題は頻出です。でも混乱しやすい箇所でもありますよね。

　まず、**業務停止処分**は「**衛生措置＋出張美容に違反した場合**」が挙げられます。これは聞き覚えがあるぞ、と思われた方もいるかもしれません。これはp28～29で出てきた「条例で定めることができる事項」と**同じ**なのです。業務停止処分はプラス「伝染病等にかかった場合」なので、「**＋伝染病**」と覚えるとよいでしょう。

　そして、**免許取消処分**はこの「**業務停止処分違反＋心身の障害**」と覚えます。

　最後に、**閉鎖命令**です。開設者ないし美容師の「**衛生措置**」(左表②④)と「**してはいけない人に施術をさせたとき**」(左表③)と「**管理美容師**」がいないとき(左表①)と覚えると少し頭が整理されて記憶の負担を減らすことができるはずです。試してみてください。

7 法制度⑦

生活衛生関係営業の運営の適正化及び振興に関する法律

□□ 生活衛生関係営業（以下「生衛業」）とは、美容業や公衆浴場業、クリーニング業など、公衆衛生の見地から法律による規制を必要とする業態全般をいう。

| 生衛業事業者は数が多く、規模小で経営基盤が弱い | → | 競争により経営危機に陥ると衛生水準低下の恐れあり | → | 衛生水準が低下すれば、利用者である国民に不利益 | → | この法律は過度の競争を防止し、経営の安定・健全化を助けている |

目的	衛生施設の改善向上、経営の健全化及び振興等を通じて、生衛業の衛生水準の維持ないし向上を図るとともに、消費者の利益を守ること
手段❶	同業者組織（**生活衛生同業組合**）の設立、自主活動促進 ・各都道府県に1つ設立できる ・営利を目的としない ・美容業の場合、組合員は美容所の開設者 ・組合員の組合への加入、脱退は自由 注 適正化規程も後出の標準営業約款も料金を統一するものではない点に注意！ ＜主な事業＞ 1 料金の制限（適正化規程の締結）※ 2 資金のあっせん、技能の改善向上、共済事業など 3 衛生施設の改善向上および経営の健全化への指導など ※美容業の適正化規程は現在すべて廃止されている
手段❷	料金規制	過度な競争がある場合に、独禁法の例外として料金および営業方法について協定を結ぶことができる
手段❸	営業の振興推進	厚生労働大臣が生衛業の振興推進のために指針を定める

手段 ❹	経営健全化及び苦情処理等業務処理体制の整備	生活衛生営業指導センターの設立 <主な事業>　①経営健全化への相談・指導　②苦情処理　など
手段 ❺	標準営業約款の普及	美容業やクリーニング業など特定業種について厚生労働大臣の認可を受けて標準営業約款(Sマーク。営業方法や取引条件の設定)を定めて、消費者の利益を保護する

 ## その他の関係法規

関係法規	法律の基本的な内容	当該法律と美容業の関わり
労働基準法	使用者が守るべき労働者の労働条件の最低基準	■使用者(美容所の開設者) ■労働者(美容所の従業員) 注 同居の親族以外の従業員が1人でもいる場合は、労働基準法が適用される
医薬品、医療機器等の品質、有効性及び安全性の確保等に関する法律	医薬品、医薬部外品、化粧品等の品質、安全性等確保のための規制	■美容所で使用する医薬部外品、化粧品等も含まれる
感染症の予防及び感染症の患者に対する医療に関する法律	感染症予防及び感染症患者に対する医療について	■結核等伝染病にり患した美容所従業員の従業禁止 注 美容師に限定されない。全従業員が対象である
消費者基本法	消費者利益の擁護及び増進についての事業者の責務等	■美容業者が提供する商品やサービスも含まれる
個人情報の保護に関する法律	事業者による個人情報の適正な取扱いについて	■利用者カルテも個人情報に含まれる

8 運営管理

 税金

■税金の種類

利益が出ている時に支払う税金	個人所得税	個人経営の店などが支払う
	法人税	会社経営の店などが支払う
従業員等からいったん預かる税金	源泉所得税	雇用主（こようぬし）が従業員の給与からいったん徴収（ちょうしゅう）し、翌月10日までに税務署に納付（のうふ）する
	消費税	経営者が顧客から預かり、後日税務署に納付する
所有しているだけで課される税金	固定資産税	土地建物に課される

経営が**赤字**でも支払う義務がある

■申告（しんこく）と罰則（ばっそく）

□□ 税務申告には期限が決められており、期限を過ぎたり、無申告の者には追徴（ついちょう）課税される。

 健康・安全な職場環境

□□ 従業員等の「安全と健康を確保するとともに、快適な職場環境の形成を促進することを目的」とした法律として労働安全衛生法が定められている。

□□ 同法では、経営者は労働者の健康管理等をすることが義務づけられている。

□□ 同法68条では、伝染病等にかかった労働者の就業禁止が定められている。

 社会保険

■公的年金

☐☐ 国民年金は20歳以上60歳未満の全国民が加入する。会社員等はあわせて厚生年金にも加入する。

<国民年金の給付の種類>

国民年金 (基礎年金)	老齢基礎年金	・65歳から支給開始 ・受給資格期間（納付・免除期間）が通算10年以上 ・支給金額は納付・免除期間の月数に応じて決まる
	障害基礎年金	・一定の**障害**がある場合に給付される
	遺族基礎年金	・被保険者等が**死亡**した場合に、配偶者や子などに支給される

☐☐ 国民年金保険料には、支払い困難者に対する**免除**及び**納付猶予**制度がある。

■医療保険

☐☐ 医療保険には被用者保険、国民健康保険、後期高齢者医療保険がある。

☐☐ 被用者保険（健康保険）は被用者（会社員等）、国民健康保険は被用者保険未加入者、後期高齢者医療保険は75歳以上の人が加入する。

<被用者保険（健康保険）の給付と医療費負担>

給付	・被保険者自身 ・一定の**扶養**家族の業務**外**の**傷病**にも給付される ・業務外の傷病の療養のために休んだ場合の**生活**保障である**傷病手当**金や出産手当金は被保険者のみが給付を受けることができる
負担	・原則として、75歳以上の後期高齢者は1割、70〜74歳および小学校入学前は2割、それ以外は3割を負担する

☐☐ 産前産後の休業および育児休業中の健康保険料は、労使ともに**免除**される。

■労働保険

☐☐ 労働保険には雇用保険と労働者災害補償保険がある。

☐☐ 雇用保険の主な給付には、失業中に給付される基本手当、育児休業中に給付される育児休業給付、介護休業中に給付される介護休業給付等がある。

1 公衆衛生①

 母子保健

□□ 我が国の高齢化は、出生率の低下も一因である。

出生動向指標（しひょう）	2015年	2020年
出生数（1年間に生まれる子どもの数）	約100万6千人	約84万1千人
出生率（人口千人当たりの出生数の割合）	8.0	6.8
合計特殊出生率（1人の女性が一生の間に産む子どもの数）	1.45	1.34

＊出生数は第1次ベビーブームの時期には200万人を超え、260万人に達していた。

母子死亡動向指標	2015年	2020年
乳児死亡率（出生千人当たりの生後1年未満の死亡数の割合）	1.9	1.8

□□ 乳児死亡率は、国民・地域住民の健康および生活水準を示す尺度である。

□□ 我が国の乳児死亡率の低さは、世界トップクラスである。

□□ 妊産婦死亡率も、近年改善傾向にある。

主体	母子保健法が規定する主な母子保健事業
市町村	❶母子健康手帳の交付 ❷妊産婦・乳幼児の健康診査 ❸新生児の訪問指導 ❹未熟児訪問指導 ❺乳幼児訪問指導 ❻養育医療 　　　　　など

母と子の保健に処することが、母子保健です。年齢が上がる「児童」に関する事柄（例えば児童虐待に関する対処など）は児童福祉法の範囲になります。

 成人保健

死亡動向指標	2015年		2019年	
	男性	女性	男性	女性
粗死亡率(人口千人当たりの1年間の死亡数の割合)	10.9 >	9.7	11.7 >	10.6
平均寿命(0歳時点での余命の平均)	80.75 <	86.99	81.41 <	87.45

□□ 女性の平均寿命は、世界1位である（「世界保健統計（WHS）」）。

■死因（「人口動態統計」）

順位	2015年	2020年
1位	がん	がん
2位	心疾患（心臓病）	心疾患（心臓病）
3位	肺炎	老衰
4位	脳血管疾患（脳卒中）	脳血管疾患（脳卒中）

がんや心疾患、脳卒中が生活習慣病の代表です。老衰や肺炎は生活習慣病ではないので注意しましょう。

がん

部位別死亡率（「人口動態統計」）

順位	2015年		2020年	
	男性	女性	男性	女性
1位	肺	大腸	肺	大腸
2位	胃	肺	胃	肺
3位	大腸	胃	大腸	膵臓（すいぞう）

脳卒中

□□ 脳卒中は、大きく脳出血と脳梗塞（こうそく）に分けられる。
□□ 脳卒中の主要因は、❶高血圧や❷動脈硬化である。

心疾患

□□ 生活習慣病などを原因とする心疾患を虚血性（きょけつ）心疾患という。

虚血性心疾患
・虚血性心疾患には❶狭心症と❷心筋梗塞がある。
・患者数、死亡者数ともに増加傾向にある。
・動物性脂肪や糖質の過剰摂取が要因の1つである。
・喫煙、高血圧、ストレス、運動不足はリスクを上げる。

39

2 公衆衛生②

 生活習慣病

□□ 死亡率が高く生活習慣が原因で起こる疾病を「生活習慣病」という。

■糖尿病

糖尿病の主な合併症	
・白内障	・末梢神経障害
・心筋梗塞	・足の壊疽

糖尿病には1型と2型があり、生活習慣病に含まれるのは2型のほうです。

■喫煙

〈喫煙が原因となる 主な疾患〉
・がん（肺、膀胱など）
・心疾患（心筋梗塞など）
・肺疾患
　（慢性気管支炎など）
・消化器疾患
　（十二指腸潰瘍など）

男性喫煙者は、年々低下している

妊婦の喫煙は低出生体重児や早産のリスクを高める

〈受動喫煙が原因となる 主な疾患〉
・がん（肺など）
・呼吸器疾患
・小児ぜんそく

受動喫煙による危険を避けるために健康増進法25条には、受動喫煙防止の努力義務が規定されています。

たばこの煙には発がん（促進）物質が含まれている

■飲酒（アルコール）

わが国の1人当たりアルコール消費量は近年減少傾向にある

〈アルコールが原因となる主な疾患〉
・アルコール精神病
・アルコール依存症
・肝疾患
・脳卒中　など

国民の健康増進の基本指針を定めた『健康日本21（第2次）』には、未成年者や妊婦の飲酒防止対策が盛り込まれています。

□□ 社会保険や高齢者医療確保法等により、生活習慣病の予防対策として40〜74歳の人を対象に特定健康診査（特定健診）・特定保健指導が行われている。

●身体活動・運動

□□ 適切な身体活動・運動は、生活習慣病の予防に有効である。

□□ 『健康日本21（第2次）』には、適切な身体活動・運動として「日常生活における歩数の増加」「運動習慣者の割合の増加」の目標が定められている。

✂ 高齢者保健

□□ わが国の平均世帯人員は年々減少し、一方で高齢者世帯は増加している。

□□ わが国の人口の高齢化の速度は、欧米諸国より速い。

■介護保険制度

こんきょ 根拠法	介護保険法
財　源	❶公費　❷40歳以上の人から徴収した**保険料**
負担金	介護サービス利用時に、**利用者**が一部を負担する

□□ 高齢者の居宅サービスには、居宅で日常生活の世話を受ける訪問介護（ホームヘルプサービス）、デイサービスセンター等に通う通所介護（デイサービス）、居宅で看護師等から療養上の世話を受ける訪問看護などがある。

3 環境衛生①

 環境要因

□□ 人を取り巻く環境要因は、物理的・化学的・生物学的・社会的と大きく４つに分けられる。

物理的環境要因	温度、湿度、熱、気流、音、光、紫外線など
化学的環境要因	空気成分、有毒ガス、粉塵、水、化学成分など
生物学的環境要因	動植物、衛生害虫など
社会的環境要因	文化、宗教、政治経済、家族、学校、職場など

 空気環境

■空気成分

0%　　　　　　　　　　　　　　　　　　　　　　　　　　100%

窒素　約78%	酸素　約21%

不活性ガスなので人の生命には直接関係を有しない

その他　約1%		
二酸化炭素	炭酸ガス	・呼気中にも含まれる ・地球温暖化と関係があるとされる ・美容所内では5000ppm以下に保つ
アルゴン、ネオン、ヘリウム	不活性ガス	・アルゴンは空気中に約0.93%含まれる
一酸化炭素	有毒ガス	・無色無臭、無味、無刺激性のガス

□□ 大気中に浮遊する粒子状物質で、その粒径が10μm（0.01mm）以下のものを、浮遊粒子状物質という。

□□ 空気中には、細菌やウイルスなどの微生物も多く浮遊する。

□□ 空気中のカビは、アレルギーの原因になることがある。

■温度、湿度、気流

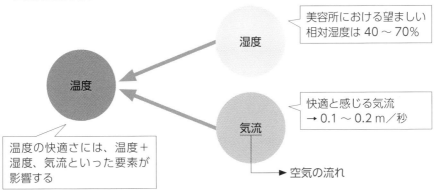

 衣服の衛生

□□ 衣服には礼儀面での社会的役割と衛生面での生物学的役割がある。

■衣服の性質ごとの生物学的役割

衣服の性質	生物学的役割
保湿性、吸湿性、通気性	体温調節
耐熱、防水、耐火	身体保護
抗菌性、抗帯電性	清潔保持
伸縮性、弾性	作業能率増進

抗帯電性は、衣服の静電気を防ぐことで、静電気によってほこりがついたり、からだに衣服がまとわりついたりするのを避ける役割を果たします。

4 環境衛生②

住居の衛生

□□ 住居の快適性は、採光、照明、換気、冷暖房などに影響される。

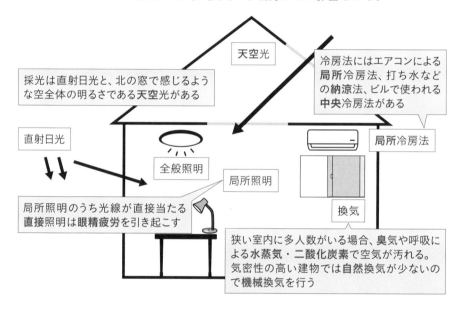

採光は直射日光と、北の窓で感じるような空全体の明るさである**天空光**がある

天空光

冷房法にはエアコンによる**局所**冷房法、打ち水などの**納涼法**、ビルで使われる**中央**冷房法がある

局所冷房法

直射日光

全般照明

局所照明

局所照明のうち光線が直接当たる**直接**照明は**眼精疲労**を引き起こす

換気

狭い室内に多人数がいる場合、臭気や呼吸による**水蒸気・二酸化炭素**で空気が汚れる。気密性の高い建物では**自然換気**が少ないので**機械換気**を行う

上下水道

■上水道

□□ 上水とは、人の飲用に供給される水をいう。

上水の３条件
- 1 健康に**悪影響**を及ぼさないこと
- 2 使用上の**不便**がないこと
- 3 **美味しい**こと

➡ 飲用の適否は水道法に基づく**水質基準**により判断される

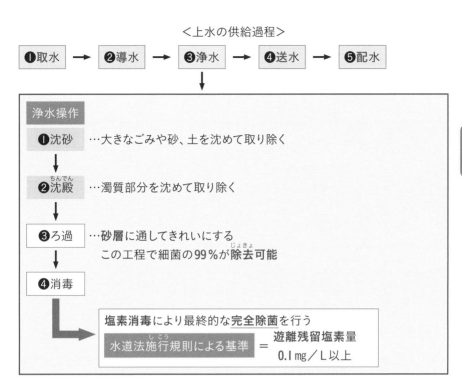

<＜上水の供給過程＞>

❶取水 → ❷導水 → ❸浄水 → ❹送水 → ❺配水

浄水操作

❶沈砂 …大きなごみや砂、土を沈めて取り除く

❷沈殿(ちんでん) …濁質部分を沈めて取り除く

❸ろ過 …**砂層**に通してきれいにする
この工程で細菌の**99％**が**除去可能**

❹消毒

塩素消毒により最終的な**完全除菌**を行う

水道法施行規則(しこう)による基準	=	遊離残留塩素量 0.1 mg／L 以上

2

環境衛生②

■**下水道**

□□ 下水とは、人が利用を終えて排出された水をいう。

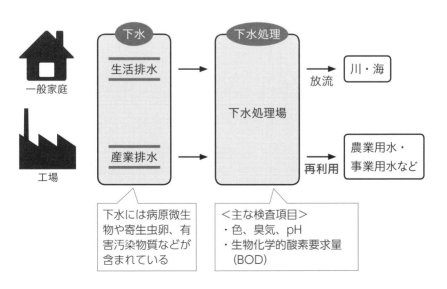

一般家庭

工場

下水

生活排水

産業排水

下水処理

下水処理場

放流 → 川・海

再利用 → 農業用水・事業用水など

下水には病原微生物や寄生虫卵、有害汚染物質などが含まれている

＜主な検査項目＞
・色、臭気、pH
・生物化学的酸素要求量
　(BOD)

5 環境衛生③

廃棄物（はいきぶつ）

□□ 廃棄物処理は廃棄物の処理及び清掃に関する法律に基（もと）づいて行われている。

一般廃棄物	項目	産業廃棄物
産業廃棄物以外の廃棄物 （家庭ごみ＋事業系一般ごみ）	定義	事業系ごみのうち、廃油等法律で定められた廃棄物や輸入廃棄物
市町村長の責任で行う	処理	事業主の責任で行うか業者に委託

ごみ処理	し尿処理	
・大部分は焼却処理される ・焼却不可能なもの、再利用できないものは埋（う）め立て	公共下水道の整備地域	公共下水道の未整備地域
	公共下水道で処理	浄化槽（そう）で処理

埋め立ては、ハエ・ネズミ等の衛生害虫の発生や異臭が問題となるので、まずは焼却処分するのが基本

浄化槽法に基づいて浄化槽の設置、保守点検・清掃等を行わなければならない

□□ 資源の再利用については、資源の有効利用及び廃棄物の発生抑制を目的に、資源の有効な利用の促進に関する法律が定められている。

美容所から排出される毛髪は「一般廃棄物」に当たります。過去問では、「大量に排出された場合は産業廃棄物に当たる」などの出題がありますが、量の多少にかかわらず一般廃棄物に当たりますので注意しましょう。

 衛生害虫

種類	成虫までの期間	媒介する疾病	特徴等
ハエ	夏は1～2週間、秋は2～3週間	アメーバ赤痢 寄生虫症　など	・繁殖力が強い ・1年中発生する
蚊	約2週間	**デング熱** マラリア　など	・**メス**が人から吸血する ・幼虫はボウフラ
ゴキブリ	長いと1～3年	寄生虫症　など	・種類が多い
シラミ	1～2週間	―――	・衣服につくコロモジラミ ・**毛髪**に卵を産むアタマジラミ ↓ ・**保育園児、幼稚園児、小学校低学年**児童に多い ・**頭皮**から吸血されると**かゆみ**が出る ・**タオル**等の共用を避ける
ノミ	約2週間	**ペスト** 発疹熱　など	・吸血による**かゆみ**がある
ダニ	約1カ月	**ぜんそく**　など	・**虫体**も**糞**も**ぜんそく**の原因となる ・吸血による**かゆみ**がある

ゴ ロ あ わ せ で 覚 え よ う　　衛生害虫と疾病

家電　　　　だぜ～
(蚊)(デング熱)　(ダニ)(ぜんそく)

6 感染症①

□□ 感染症は①法律 ②侵入等経路 ③病原体によって分類される。

 法律(感染症法)による分類

分類	内容	主な感染症	就業制限
1類	危険性が極めて高い	エボラ出血熱、ペスト、ラッサ熱	あり
2類	危険性が高い	**結核**、SARS、MERS、鳥インフルエンザ(一部)	あり
3類	危険性は高くはないが、集団感染の可能性がある	コレラ、細菌性赤痢、腸管出血性大腸菌感染症、腸チフス	一部あり(飲食業)
4類	人からの感染はない(動物、飲食物を介する)	E型肝炎、A型肝炎、黄熱、狂犬病、マラリア、つつが虫病、デング熱	なし
5類	国による調査、情報公開が行われる	B型肝炎、C型肝炎、インフルエンザ、梅毒、麻しん、風しん、はしか、新型コロナウイルス感染症	なし
新型インフルエンザ等感染症	新たに人に伝染し、重大な影響を及ぼす	新型インフルエンザ	あり
指定感染症	既知の感染症で、1〜3類に準じた対応が必要	(政令で指定、1年限定)	分類に応じてあり
新感染症	既知の感染症と明らかに異なり、危険性が高い	――	政令で規定後あり

侵入等経路による分類

侵入媒体経路		主な感染症
人から感染	空気・飛沫	咳、くしゃみなど	**インフルエンザ**、結核、麻しん、**百日せき**
	器具・衣類	タオル、スリッパなど	**白癬**、伝染性膿痂疹（トビヒ）
	飲食物・便・土壌	食べ物、水、便、土壌など	コレラ、細菌性赤痢、腸管出血性大腸菌感染症、腸チフス、破傷風（土壌）
	血液等	**性行為**、傷口など	**B型肝炎**、**C型肝炎**、エイズ、梅毒、破傷風
人以外	動物・節足動物	豚、犬、ネズミ、**蚊**、ノミなど	ペスト（ノミ・ネズミ）、黄熱（蚊）、**マラリア**（蚊）、**日本脳炎**（蚊・豚）、デング熱（蚊）

病原体による分類

□□ 感染症の病原体として❶細菌 ❷ウイルス ❸寄生虫がある。

細菌による		ペスト、コレラ、細菌性赤痢、腸管出血性大腸菌感染症、腸チフス、**破傷風**、**百日せき**、結核
細菌だが、**ウイルス**との中間的性質をもつものによる	クラミジアによる	性器クラミジア感染症、オウム病
	リケッチアによる	**つつが虫病**、発疹チフス
	マイコプラズマによる	マイコプラズマ肺炎
ウイルスによる		狂犬病、**デング熱**、インフルエンザ、A型肝炎、**B型肝炎**、**C型肝炎**、エイズ、麻しん
寄生虫による		**マラリア**、アニサキス症、回虫症

7 感染症②

 細菌とウイルス

□□ 感染症の原因となる病原微生物には細菌やウイルスがある。

■細菌とウイルスの特徴と比較

細菌	特徴	ウイルス
ウイルスより**大きい**	大きさ	細菌より**小さい**
球形、棒形、らせん形のいずれか	形	**球形、円筒形、四角形**などさまざま
約80％は**水分** 固形成分の約半分はタンパク質	成分	タンパク質
細胞壁と細胞質（核酸と**タンパク質**含む）から構成される 夾膜、芽胞、鞭毛をもつものがある	構造	細胞壁も細胞質ももたず、遺伝子情報である核酸と**タンパク質**のみで構成される
DNAとRNAの両方をもつ	（核酸）	DNAとRNAいずれか1種類をもつ
2分裂による 自ら増殖するので生きた細胞は**不要**	増殖	2分裂とは限らない 増殖には生きた宿主細胞が**必要**
酸素があると増殖できないものがある **水分が十分に必要** **紫外線は有害**である 最適pHは**中性かアルカリ性**が多い 多くの発育温度は**15〜45℃**	（環境）	**寄生**した細胞が死滅するたびに他の細胞への**寄生**を繰り返す
まれにおこす	変異	しばしばおこす

◆細菌とウイルスの大きさのイメージ

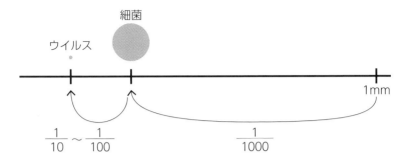

✂ 芽胞

□□ 細菌には環境が発育に不適当になると、細胞内に芽胞という耐久形をつくる
ものがある。

□□ 芽胞によって細胞は休眠の状態になる。

□□ 熱や乾燥に強い抵抗力をもち、100℃の加熱にも相当時間耐えることができ
る。

□□ 芽胞をつくる細菌は限られている。

  ＜芽胞をつくる主な細菌＞
  ・炭疽菌
  ・破傷風菌
  ・ボツリヌス菌

□□ 芽胞をもたない細菌を栄養型の細菌という。

細菌の芽胞はかなりの強者です。
試験問題には「○○による消毒は芽胞型の菌に対して殺菌効
果がある」→「答×」のパターンがよくみられます。（効果の
ない消毒方法が多いのです！）
消毒の効果はp60～63を参照してください。

8 感染症③

汚染、感染及び発病

□□ 感染症は❶汚染→❷感染→❸発病のプロセスを経て、り患する。

❶汚染 ─────────→	❷感染 ────潜伏期────→	❸発病

□人の体やもの、飲食物に病原体が付着・侵入した状態

□**常在細菌叢**（そう）
・生まれてすぐに定着する一定の細菌
・**ビタミン**など人体に有用な物質をつくるものや病原菌の侵入を防ぐものがある
・宿主の抵抗力が**低下**すると本来は感染を起こさない程度の弱い病原性のものでも感染を起こす

主な常在細菌と場所	
鼻	ブドウ球菌
顔面	レンサ球菌・
皮膚	ブドウ球菌
小腸	腸内細菌
大腸	大腸菌

□人の体に侵入した病原体が一定の部位に定着、増殖する状態

□病原体の定着する部位はほぼ決まっている

□3種類の感染状態
①**不顕性感染**（ふけんせい）：感染しているが**発病**していない状態
　・ポリオ、日本脳炎
②**持続性感染**：感染した状態で長期間病原体と共存し続ける状態
　・Ｂ型肝炎、Ｃ型肝炎
③**日和見感染**（ひよりみ）：通常健康な人であれば感染を起こさない程度の低い病原性の病原体に抵抗力の低下した人が感染し発病すること
　・エイズ患者が肺炎にり患する

□病原体の感染によって人の体に何らかの病的変化が生じる状態

□❷→❸の期間を**潜伏期**という

□潜伏期間は感染症の種類によって一定期間にほぼ決まっている

□**免疫**
・感染症に対する抵抗力
・免疫反応を誘導する物質を**抗原**（こうげん）という
・抗原に対抗する物質を**抗体**という

感染症予防の3原則

□□ 感染症発生の3大要因は①感染源 ②感染経路 ③宿主（人の体）である。

□□ 感染症を予防するためには3大要因の弱点を叩いていくことが有効であり、これを「感染症予防の3原則」という。

感染症予防の3原則		
①感染源に関する対策	②感染経路に関する対策	③宿主に関する対策
・空港等での**検疫** ・患者の隔離、入院治療 ・生徒の出席停止 ・**就業制限**	・物件・物品の消毒 ・飲食物の**洗浄** ・ネズミ・昆虫等の**駆除** ・学校閉鎖	・**予防接種** →**定期**に行うものと**臨時**に行うものがある ・啓発活動

ゴ ロ あ わ せ で 覚 え よ う　常在細菌叢と場所

鼻から出たぶどうが顔にも皮膚にも連鎖する
（鼻）　　　（ブドウ球菌）（顔）　　（皮膚）　　（レンサ球菌）

HELPFUL TIPS!　感染症予防の3原則

　「感染症予防の3原則」の問題は頻出です。中でも「〇〇はどの感染症対策か」を問うものがよく出ています。

　感染症対策の3原則のうち「**感染経路に関する対策**」は、食品の洗浄、ネズミ等の駆除など、いわゆる人以外の「**もの**」に対する方法なので分かりやすいですよね。試験の場で迷いやすいのは、「**感染源に関する対策**」「**宿主に関する対策**」のどちらなのかという点。どちらも「**人**」に対する方法だからです。

　これについては「感染する**前**に行うものか」「感染**後**に行うものか」で見分けると良いでしょう。「感染した**後**」（ないし感染疑いの場合）に行うものが「**感染源に関する対策**」、例えば検疫や患者の入院治療、就業制限など。「感染する**前**」に行うものが「**宿主に関する対策**」、例えば予防接種や啓発活動などです。よく覚えておきましょう！

9 感染症④

 空気・飛沫を介して感染する感染症（空気感染・飛沫感染）

結 核　2類
- □□ 新規感染者数は年間約2万人
- □□ 学校・事業所等で**集団発生**する傾向がある
- □□ 菌が定着した各場所で病変を起こす（肺結核、腎結核、関節結核など）
- □□ 年齢別にみると、近年死亡率が高いのは**高齢者層**である
- □□ 病原体は**結核菌**
- □□ 主な感染経路は①**飛沫感染**　②塵埃感染
- □□ 定期の**予防接種**が行われている（BCGワクチン）

S ARS ／ MERS　2類
- □□ 重症急性呼吸器症候群（SARS）
- □□ 中東呼吸器症候群（MERS）
- □□ 病原体は**コロナウイルス**

インフルエンザ（季節性）　5類
- □□ 潜伏期は1〜3日
- □□ 高齢者は**死亡**することもある
- □□ 病原体は**インフルエンザウイルス**
- □□ 主な感染経路は飛沫感染
- □□ 動物も感染する

麻 しん（麻疹）　5類
- □□ 潜伏期は10〜14日
- □□ 主な症状は高熱、結膜炎、口内のコプリック斑、全身の**発疹**など
- □□ 病原体は**麻しんウイルス**で、別名**はしか**ともいう
- □□ 感染経路は①**空気感染**　②**飛沫感染**　③**接触感染**
- □□ 感染力は非常に**強い**
- □□ 定期の**予防接種**が行われている

風しん（風疹）　[5類]

- □□ 麻しんに似ているが、短期間で治ることから別名三日はしかといわれる
- □□ 妊婦がかかると流産や先天性風しん症候群の子が生まれるおそれがある
- □□ 先天性風しん症候群の3大症状は心疾患、白内障、感音性難聴（聴力障害）
- □□ 潜伏期は2〜3週間
- □□ 主な症状は微熱、リンパ節の腫れ、発疹
- □□ 発疹は顔→全身に出る
- □□ 病原体は風しんウイルス
- □□ 感染経路は①飛沫感染 ②接触感染
- □□ 定期の予防接種が行われている

百日せき　[5類]

- □□ 乳幼児の発症が多い
- □□ 5〜9月に多く発生する
- □□ 近年、成人感染者数が増加傾向
- □□ 潜伏期は1〜2週間
- □□ 病原体は百日せき菌
- □□ 感染経路は①飛沫感染 ②接触感染

その他

- □□ ジフテリア（2類）
- □□ 鳥インフルエンザ（2類）（一部）
- □□ 新型インフルエンザ（新型インフルエンザ等感染症）
- □□ 新型コロナウイルス感染症（5類）

結核は美容師に就業制限があるため、試験には超頻出の疾病です！

10 感染症⑤

✂ 飲食物等を介して感染する感染症（経口感染）

腸 管出血性大腸菌感染症　3類
せんぷく
- □□ 潜伏期は４～８日
- □□ 病原体は腸管出血性大腸菌 O157 ないし O26
- □□ O157 は毒の強いベロ毒素を出す
- □□ 下痢は出血性となることがある
- □□ 乳幼児は腎臓・脳に障害が出ることがある
- □□ 感染経路は経口感染が多い
- □□ 便を通じた２次感染のおそれもある
- □□ 大腸菌は加熱に弱く、消毒剤も非常に有効である

その 他
せきり
- □□ 細菌性赤痢（３類）
- □□ A型肝炎（４類）

✂ 動物・節足動物等を介して感染する感染症

ラッサ熱　1類
- □□ 潜伏期は６～21日間
- □□ 高い致死率
- □□ 病原体はラッサウイルス
- □□ 感染経路はネズミ、血液感染、排泄物
はいせつ

デング熱　4類
- □□ 潜伏期は約５日間
- □□ 一部は重症化することもある
- □□ 病原体はデングウイルス
- □□ 感染経路はやぶ蚊
- □□ 人→人には感染しない

その 他
- □□ ペスト（１類）

血液等を介して感染する感染症（血液感染）

Ⓑ 型肝炎 `5類`
- □□ 潜伏期は１〜６カ月
- □□ 病原体は**B型肝炎ウイルス**
- □□ 感染源は感染者の**血液**および**体液**
- □□ 症状は**全身の倦怠感**（けんたい）、食欲不振、悪心（おしん）、嘔吐（おうと）、**黄疸**（おうだん）など
- □□ 感染経路は血液感染（体液含む）
- □□ 感染には①**一過性感染**と②**持続性感染**がある
- □□ 一過性感染は❶**性行為**によるものと❷**医療行為**によるものがある
- □□ 持続性感染は**出産時の母から子へ垂直感染**が多い
- □□ どちらも多くは無症状ないし軽い症状で終わるが、一部は**重症化**する
- □□ 定期の**予防接種**が行われている（B型肝炎ワクチン）

エ イ ズ（後天性免疫不全症候群） `5類`
- □□ 潜伏期は**数カ月〜５年**
- □□ 発病するのは**10〜30％**
- □□ 感染後6〜8週間で**抗体検査**による検査ができるようになる
- □□ 病原体は**ヒト免疫不全ウイルス（HIV）**
- □□ 感染経路は①**血液**感染　②**接触**感染（性的接触）
- □□ 感染力は非常に**弱**い
- □□ 適切な治療を受けないと**日和見**（ひよりみ）感染する
- □□ 現在でも**完治**は難しいが致死率は下がっている

梅 毒 `5類`
- □□ ①**先天性**と②**後天性**がある
- □□ 先天性の感染経路は妊娠時の母から子への**垂直**感染（胎内感染）である
- □□ 後天性の感染経路は①**血液**感染　②**接触**感染（性的接触）である
- □□ 病原体は**細菌**の一種である**梅毒トレポネーマ**
- □□ 適切な治療を受けないと場合によっては**死亡する**

その他
- □□ C型肝炎（5類）

11 衛生管理技術①

 消毒とは

□□ 殺菌……微生物を殺すことの総称
□□ 消毒……主に病原微生物を殺すないし除去(じょきょ)して、感染力を失わせること
□□ 滅菌……あらゆる微生物を殺すないし除去して、生きている微生物を存在しない状態にすること
□□ 無菌……滅菌によって、生きている微生物が存在しなくなった状態
□□ 防腐……微生物の発育・作用を止め、ものの腐敗を防ぐこと

◆消毒に関する用語のイメージ

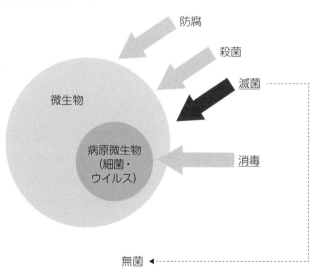

□□ 美容所で器具や布片を処理する場合は、消毒で足りる（滅菌までは不要）。
□□ 殺菌効果の3要素は、❶温度 ❷濃度 ❸時間である。

美容師法及び美容師法施行規則における消毒法

■美容師法8条(抜粋)

①皮ふに接する布片及び皮ふに接する器具を清潔に保つこと。

②皮ふに接する布片を客一人ごとに取り替え、皮ふに接する器具を客一人ごとに消毒すること。

■美容師法施行規則25条

器具	消毒法		
	種類	濃度・温度・強さ	時間など
かみそり・かみそり以外の血液の付着しているもの又はその疑いのあるもの	煮沸(しゃふつ)	100℃	2分
	エタノール水溶液	76.9～81.4%	10分
	次亜塩素酸ナトリウム	0.1%以上	
上記以外	紫外線	85μW/cm² 以上	20分
	エタノール水溶液	76.9～81.4%	綿又はガーゼでふく
	蒸気	80℃超え	10分
	次亜塩素酸ナトリウム	0.01%以上	
	逆性石けん	0.1%以上	
	両性界面活性剤		
	グルコン酸クロルヘキシジン	0.05%以上	

※消毒の前には、十分な洗浄を行うことも明記されている。

※「上記以外」の器具に、血液が付着したもの又はその疑いのあるものの方法を行うこともできる。

※殺菌効果の3要素(p58)に基づき、濃度と時間のみが書かれているものについても、なるべく高い温度(20℃以上)を保つようにするべきである。

ゴロあわせで覚えよう 規則で定められた消毒法

ふつうに 得た 服 $4 \times 5 = 20$枚
(煮沸・2分)(エタノール・ふく)(紫外線・20分)

> この3つ以外は全て時間が10分なので必ず押さえておきましょう。

12 衛生管理技術② (理学的消毒法)

理学的消毒法

□□ 物理的消毒法ともいう。

□□ 主に熱や紫外線によって、微生物を殺すか除去（じょきょ）する方法である。

［熱による消毒法］

□□ 熱による消毒法には乾熱と湿熱がある。

□□ 殺菌効果は乾熱＜湿熱である。

□□ 美容で用いられるのは湿熱のみである。

□□ 湿熱によって、芽胞（がほう）をもたない栄養型の細菌は70℃以上で数分間で殺菌することができる。

□□ 美容で用いられる湿熱は、❶煮沸（しゃふつ） ❷蒸気である。

□□ ❷蒸気消毒は、お湯に直接浸す❶煮沸消毒と比べて加熱が確実ではないため、長い時間を必要とする。

●煮沸消毒（拡大図はp59参照）

器具	消毒法		
	種類	濃度・温度・強さ	時間など
かみそり・かみそり以外の血液の付着しているもの又はその疑いのあるもの	煮沸	100℃	2分
	エタノール水溶液	76.9〜81.4%	10分
	次亜塩素酸ナトリウム	0.1%以上	
上記以外	紫外線	85μW/cm²以上	20分
	エタノール水溶液	76.9〜81.4%	綿又はガーゼでふく
	蒸気	80℃超え	
	次亜塩素酸ナトリウム	0.01%以上	10分
	逆性石けん	0.1%以上	
	両性界面活性剤		
	グルコン酸クロルヘキシジン	0.05%以上	

□□ 沸騰したお湯によって消毒する。

□□ 短時間で消毒可能だが、細菌の芽胞には効果がない。

□□ 煮沸消毒による刃物類のさび止めに1〜2%の炭酸ナトリウムをお湯に加えると良い。

●蒸気消毒（拡大図はp59参照）

器具	消毒法		
	種類	濃度・温度・強さ	時間など
かみそり・かみそり以外の血液の付着しているもの又はその疑いのあるもの	煮沸	100℃	2分
	エタノール水溶液	76.9～81.4％	10分
	次亜塩素酸ナトリウム	0.1％以上	
上記以外	紫外線	85μW/cm² 以上	20分
	エタノール水溶液	76.9～81.4％	綿又はガーゼでふく
	蒸気	80℃超え	10分
	次亜塩素酸ナトリウム	0.01％以上	
	逆性石けん	0.1％以上	
	両性界面活性剤		
	グルコン酸クロルヘキシジン	0.05％以上	

□□ 蒸し器などを使い、蒸気によって消毒する。

□□ 蒸し器内の圧力は器外と同じく1気圧である。

□□ 煮沸消毒より時間を要し、細菌の芽胞には効果がない。

［紫外線による消毒法］

●紫外線消毒（拡大図はp59参照）

器具	消毒法		
	種類	濃度・温度・強さ	時間など
かみそり・かみそり以外の血液の付着しているもの又はその疑いのあるもの	煮沸	100℃	2分
	エタノール水溶液	76.9～81.4％	10分
	次亜塩素酸ナトリウム	0.1％以上	
上記以外	紫外線	85μW/cm² 以上	20分
	エタノール水溶液	76.9～81.4％	綿又はガーゼでふく
	蒸気	80℃超え	10分
	次亜塩素酸ナトリウム	0.01％以上	
	逆性石けん	0.1％以上	
	両性界面活性剤		
	グルコン酸クロルヘキシジン	0.05％以上	

□□ 紫外線の照射によって消毒する。

□□ あらゆる微生物に効果があり、芽胞やカビ、結核菌にも効果がある。

□□ 直接照射できるものの表面には強い効果があるが、ものの内部や深部は消毒できない。

□□ 煮沸や蒸気では消毒できないものに使われる。

□□ プラスチック製品（ブラシやくし）の消毒に適している。

□□ ただし長時間照射すると、一部のプラスチックは劣化する。

□□ 目、皮ふ、粘膜への直接照射は有害である。

紫外線消毒に使用される紫外線灯（ランプ）は、2,000～3,000時間で出力が低下するので、交換が必要です。

13 衛生管理技術③ (化学的消毒法)

 ## 化学的消毒法

□□ 薬品（消毒薬）によって、微生物を殺すか除去（じょきょ）する方法である。

［アルコール類による消毒法］

●エタノール消毒（拡大図はp59参照）

器具	消毒法		
	種類	濃度・温度・強さ	時間など
かみそり・かみそり以外の血液の付着しているもの又はその疑いのあるもの	煮沸	100℃	2分
	エタノール水溶液	76.9〜81.4％	10分
	次亜塩素酸ナトリウム	0.1％以上	
上記以外	紫外線	85μW/cm² 以上	20分
	エタノール水溶液	76.9〜81.4％	綿又はガーゼでふく
	蒸気	80℃超え	10分
	次亜塩素酸ナトリウム	0.01％以上	
	逆性石けん	0.1％以上	
	両性界面活性剤		
	グルコン酸クロルヘキシジン	0.05％以上	

□□ 消毒用エタノールを使用し、濃度は76.9〜81.4％に定められている。

□□ ほかの消毒薬との併用が可能。

□□ 結核菌等多くの細菌、ウイルスを殺菌できるが、芽胞（がほう）には効果がない。

□□ 引火性及び揮発性（きはつ）がある。

［次亜塩素酸ナトリウム（塩素）による消毒法］

●次亜塩素酸ナトリウム消毒（拡大図はp59参照）

器具	消毒法		
	種類	濃度・温度・強さ	時間など
かみそり・かみそり以外の血液の付着しているもの又はその疑いのあるもの	煮沸	100℃	2分
	エタノール水溶液	76.9〜81.4％	10分
	次亜塩素酸ナトリウム	0.1％以上	
上記以外	紫外線	85μW/cm² 以上	20分
	エタノール水溶液	76.9〜81.4％	綿又はガーゼでふく
	蒸気	80℃超え	10分
	次亜塩素酸ナトリウム	0.01％以上	
	逆性石けん	0.1％以上	
	両性界面活性剤		
	グルコン酸クロルヘキシジン	0.05％以上	

□□ 漂白、殺菌作用がある。

□□ 細菌、ウイルスに効果があるが結核菌にはあまり効果がない。

□□ 細菌の芽胞にはあまり効果がない。

□□ 刺激臭があり、金属を腐食させる。

□□ 冷暗所に保管する。

[界面活性剤による消毒法]

●逆性石けん消毒・両性界面活性剤消毒 (拡大図はp59参照)

器具	消毒法		
	種類	濃度・温度・強さ	時間など
かみそり・かみそり以外の血液の付着しているもの又はその疑いのあるもの	煮沸	100℃	2分
	エタノール水溶液	76.9～81.4％	10分
	次亜塩素酸ナトリウム	0.1％以上	
上記以外	紫外線	85μW/cm² 以上	20分
	エタノール水溶液	76.9～81.4％	綿又はガーゼでふく
	蒸気	80℃超え	10分
	次亜塩素酸ナトリウム	0.01％以上	
	逆性石けん	0.1％以上	
	両性界面活性剤		
	グルコン酸クロルヘキシジン	0.05％以上	

□□ 毒性が弱く、無色または淡黄色で無臭。

□□ 普段使う石けんと一緒に使うと沈(ちん)殿(でん)を起こして効果が下がる。

□□ 逆性石けんは結核菌、多くのウイルス、芽胞に効果がない。

□□ 両性界面活性剤は結核菌に効果があるが、多くのウイルス、芽胞には効果がない。

□□ 直射日光があたっても殺菌力は変化しない。多量の有機物があると、殺菌力が低下する。

[グルコン酸クロルヘキシジンによる消毒法]

●グルコン酸クロルヘキシジン消毒 (拡大図はp59参照)

器具	消毒法		
	種類	濃度・温度・強さ	時間など
かみそり・かみそり以外の血液の付着ししているもの又はその疑いのあるもの	煮沸	100℃	2分
	エタノール水溶液	76.9～81.4％	10分
	次亜塩素酸ナトリウム	0.1％以上	
上記以外	紫外線	85μW/cm² 以上	20分
	エタノール水溶液	76.9～81.4％	綿又はガーゼでふく
	蒸気	80℃超え	10分
	次亜塩素酸ナトリウム	0.01％以上	
	逆性石けん	0.1％以上	
	両性界面活性剤		
	グルコン酸クロルヘキシジン	0.05％以上	

□□ 刺激臭はない。

□□ 普段使う石けんと一緒に使うと効果が下がる。

□□ 結核菌、多くのウイルス、芽胞に効果がない。

(HELPFUL TIPS!) 逆性石けん

　エタノールは消毒用エタノール、次亜塩素酸ナトリウムはプールの消毒によく使われる塩素でおなじみですが、「逆性石けん」は普段あまり目にしないのでイメージしづらいかもしれません。「逆性」という名前のとおり、普通石けんと逆の性質をもっています（普通石けんは陰イオン界面活性剤、逆性石けんは陽イオン界面活性剤）。普通石けんは汚れを落とす力（洗浄力）がありますが、殺菌力はなく除菌程度。これに対して逆性石けんは**洗浄力**はありませんが、**殺菌力**があります。

14 衛生管理技術④（濃度）

消毒液の濃度

□□ 消毒薬を水で薄めた（希釈した）ものを消毒液という。

□□ 「消毒液にどのくらいの消毒薬が含まれているか」を表したものが「濃度」。

例）100mℓの消毒液に
2mℓの消毒薬が含まれている場合

◎消毒液の濃度のさまざまな表し方

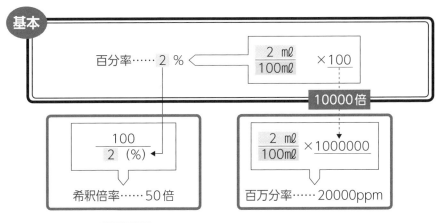

基本

百分率……2 ％ ← $\dfrac{2\ mℓ}{100mℓ}$ ×100

10000倍

$\dfrac{100}{2\ (\%)}$

希釈倍率……50倍

$\dfrac{2\ mℓ}{100mℓ}$ ×1000000

百万分率……20000ppm

混合比…… 消毒薬2 対 水98

□□ 百分率（％）… $\dfrac{消毒薬}{消毒液}$ ×100

□□ 百万分率（ppm）… $\dfrac{消毒薬}{消毒液}$ ×1000000

　→薄い消毒液の濃度を表す場合に使う。

□□ 混合比… 消毒薬 対 水

□□ 希釈倍数（倍）… $\dfrac{100}{百分率}$ 又は

… $\dfrac{消毒液}{消毒薬}$

→消毒液が何倍に薄められたもの
かを表す。数が大きいほど薄い
ことを表す。

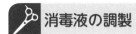 消毒液の調製

□□ 消毒薬と水を合わせることを消毒液の調製という。

□□ 調製に使う水は飲料水と同じくらいの水質があればよい。

◎調製の計算方法

＜○○％の消毒液△△㎖を調製するためには、●●％の消毒薬が□□㎖必要＞

基本

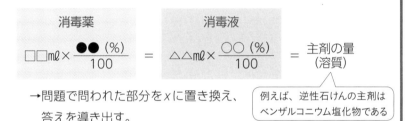

消毒薬と、それを水で薄めて調製した消毒液とでは含まれる主剤
（溶質）の量は同じであることを利用して計算する。

$$\text{消毒薬} \qquad \qquad \text{消毒液}$$

$$\square\square ㎖ \times \frac{●●\ (\%)}{100} \quad = \quad \triangle\triangle ㎖ \times \frac{○○\ (\%)}{100} \quad = \quad \begin{array}{c}\text{主剤の量}\\(\text{溶質})\end{array}$$

→問題で問われた部分を x に置き換え、
答えを導き出す。

例えば、逆性石けんの主剤は
ベンザルコニウム塩化物である

例） x ％の両性界面活性剤水溶液250㎖を調製するためには、10％の両性界面活
性剤が2.5㎖必要

x＝0.1

$$2.5㎖ \times \frac{10\ (\%)}{100} \quad = \quad 250㎖ \times \frac{x\ (\%)}{100} \quad = \quad 0.25$$

HELPFUL TIPS! 調製の計算、答えへの近道

　調製の計算は頻出です。基本は、上記の公式から答えを求めます。ですが、中には
公式を「どうしても覚えられない」「公式の計算が苦手」と感じる方もいらっしゃるかも
しれません。その場合には、消毒剤と消毒液の「濃度と量は倍数が同じ」ことを使っ
て計算するとより簡単に答えを導き出すことができます。

　上の例で説明しましょう。250㎖の両性界面活性剤水溶液の濃度は0.1％、両性
界面活性剤の濃度は10％です。倍数で表すと、10％は0.1％の100倍となります。一
方、両性界面活性剤の量は2.5㎖で、両性界面活性剤水溶液は250㎖ですから、250
㎖は2.5㎖の100倍となります。「％と㎖とを同じ○倍にする」と覚えておきましょう。

15 衛生管理技術⑤

 ## 消毒液の特徴

エタノール水溶液	・無色透明 ・中性 ・**エタノール特有のにおいあり**
次亜塩素酸ナトリウム水溶液	・無色透明、ただし高濃度になると薄い淡黄色 ・アルカリ性 ・**刺激臭**
逆性石けん水溶液	・無色または淡黄色 ・中性ないしややアルカリ性 ・ほぼ無臭 ・振ると泡立つ
両性界面活性剤水溶液	・無色透明 ・中性〜弱いアルカリ性 ・ほぼ無臭 ・振ると泡立つ
グルコン酸クロルヘキシジン水溶液	・無色透明(主剤が着色されてない場合) ・弱酸性 ・ほぼ無臭 ・振ると泡立つ

皮膚に接する美容器具及び布片と消毒法の組合せ

消毒法 ＼ 美容器具	かみそり・かみそり以外の血液の付着しているもの又はその疑いのあるもの	血液の付着した疑いのないもの					
				ブラシ		タオル	
		はさみ	くし	右以外	クッション	スチーム	ドライ
煮沸	○	○					
エタノール水溶液	○	○					
次亜塩素酸ナトリウム	○					○	○
紫外線		○	○		○		
蒸気		○				○	
逆性石けん		○	○	○			
両性界面活性剤		○	○	○			
グルコン酸クロルヘキシジン		○	○	○			

※濃度や時間はp59の表を参照のこと。
※かみそりはシェービング用レザーを指す。

[素材による注意事項]

□□ プラスチック製品やべっこう製品は熱に弱いので、煮沸・蒸気などの熱消毒は不可。

□□ 金属類は塩素や強酸性の消毒液、それ以外の消毒液でも長時間漬け置くことでさびが出るので注意する。

□□ 刃物類（はさみ等）は、熱により切れ味が鈍るので煮沸消毒・蒸気消毒よりも紫外線消毒や消毒液消毒に向いている。

消毒液の量を量るときは、メスシリンダーは水平な台の上に置き、目線を薬液の高さに合わせて、真横から液面の底の値を読みます。
また、薬液を注ぐときは、容器のラベル側を持って注ぐと、薬液が垂れてもラベルを汚しません。

1 人体の構造及び機能① (眼・鼻・口)

眼とその周辺

□□ 大きく眉、眼瞼（まぶた）、睫毛（まつげ）から構成される。

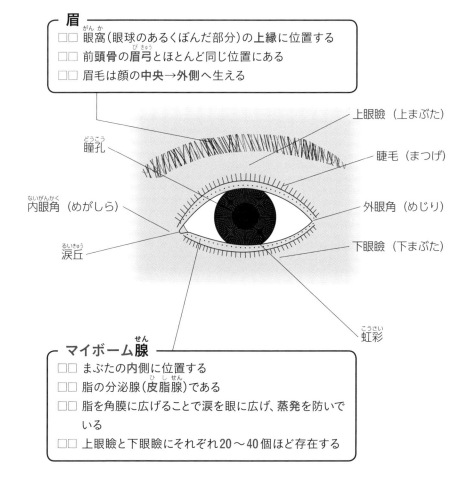

┌ **眉**（がんか）
│ □□ 眼窩（眼球のあるくぼんだ部分）の上縁に位置する
│ □□ 前頭骨の眉弓（びきゅう）とほとんど同じ位置にある
│ □□ 眉毛は顔の**中央→外側**へ生える

瞳孔（どうこう）
上眼瞼（上まぶた）
睫毛（まつげ）
内眼角（めがしら）（ないがんかく）
外眼角（めじり）
涙丘（るいきゅう）
下眼瞼（下まぶた）
虹彩（こうさい）

┌ **マイボーム腺**（せん）
│ □□ まぶたの**内側**に位置する
│ □□ 脂の分泌腺（皮脂腺）（ひしせん）である
│ □□ 脂を角膜に広げることで涙を眼に広げ、**蒸発**を防いで
│　　 いる
│ □□ 上眼瞼と下眼瞼にそれぞれ**20〜40個**ほど存在する

鼻・口

□□ 鼻は顔の中央にあり、「外鼻(がいび)」ともいう。

□□ 口で最も目立つのは口唇(くちびる)である。口唇は上唇と下唇からなる。

□□ 口唇は解剖学的には赤唇縁(せきしんえん)という。

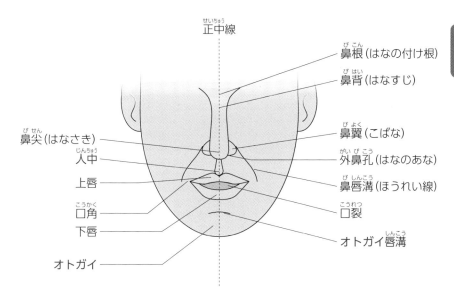

正中線(せいちゅう)

鼻根(びこん)(はなの付け根)

鼻背(びはい)(はなすじ)

鼻尖(びせん)(はなさき)

鼻翼(びよく)(こばな)

人中(じんちゅう)

外鼻孔(がいびこう)(はなのあな)

上唇

鼻唇溝(びしんこう)(ほうれい線)

口角(こうかく)

口裂(こうれつ)

下唇

オトガイ唇溝(しんこう)

オトガイ

正中線は体の中心線です。鼻も口も正中線上にあるので、それぞれの各部位が正中線とどのような関係にあるのか(たとえば鼻根は正中線上にあるが、外鼻孔は正中線上にはない)に気をつけながら覚えていきましょう!

2 人体の構造及び機能② （骨・関節）

✂ 骨

□□ 骨は骨膜、緻密質、海綿質、髄腔の4つから構成される。

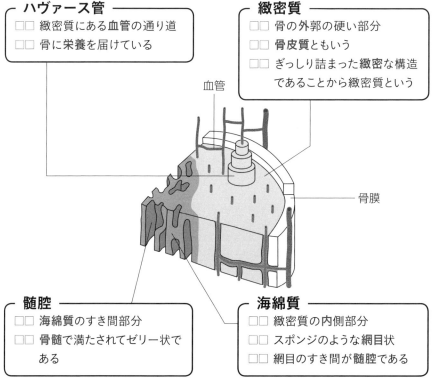

ハヴァース管
- □□ 緻密質にある血管の通り道
- □□ 骨に栄養を届けている

緻密質
- □□ 骨の外郭の硬い部分
- □□ **骨皮質**ともいう
- □□ ぎっしり詰まった**緻密**な構造であることから緻密質という

血管

骨膜

髄腔
- □□ **海綿質**のすき間部分
- □□ 骨髄で満たされてゼリー状である

海綿質
- □□ 緻密質の内側部分
- □□ スポンジのような**網目状**
- □□ 網目のすき間が**髄腔**である

□□ 骨髄は造血作用をもつ。

□□ 造血作用をもつ骨髄を赤色骨髄、造血作用をやめて脂肪組織に変化した骨髄を黄色骨髄という。

関節

□□ 関節は関節包で囲まれている。

□□ 関節包の内側は骨の摩擦を防ぐ潤滑油である滑液で満たされている。

関節の種類		説明	関節の場所	動く方向
球^{きゅう}関節		関節頭が球状、関節窩が浅いお椀型。関節の中で1番自由に動く	肩^{けん}関節 股関節	多方向
楕円^{だえん}関節		関節頭が楕円形、関節窩が浅いお椀型	手根関節	2方向
鞍^{あん}関節		関節頭と関節窩とが馬の背中と鞍^{くら}が直交しているような形	母指関節	
蝶番^{ちょうつがい}関節		関節頭が円柱状、関節窩がそれにピッタリとはまるくぼみ型	足首関節 膝^{しつ}関節	1方向
車軸関節		周囲の関節窩の中を関節頭が車軸のように回転する	肘^{ちゅう}関節	

頭蓋^{とうがい}

◆頭蓋

＊脳頭蓋　★顔面頭蓋

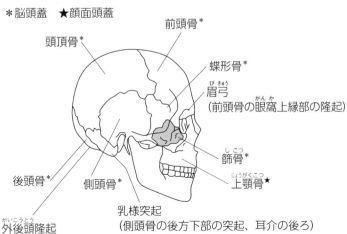

3 人体の構造及び機能③（筋）

 筋の種類

横紋筋 …縞模様がある	骨格筋 …いわゆる「筋肉」。 体を動かす	随意筋 …意思に従って動く	手足、体幹など
	心筋 …心臓だけに存在する筋肉	不随意筋 …意思とは関係なく動く	心臓
平滑筋 …縞模様がない			内臓器官、血管

> 過去には、後で出てくる「体性神経」（p75）と絡めて、骨格筋や心筋が随意筋か不随意筋か問う問題が出ています（第30回問題22、第40回問題23等）。「意思に従って動く＝体性神経によって動く」と読み替えられることを覚えておこう。

 骨格筋

■頸部

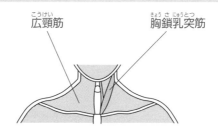

広頸筋（こうけい）　胸鎖乳突筋（きょうさにゅうとつ）

■上肢

□□ 主に❶三角筋、❷上腕二頭筋及び❸上腕三頭筋がある。

□□ ❷上腕二頭筋は、収縮すると肘関節が曲げられる（屈する）ので、屈^{くっ}筋に分類される。

□□ ❸上腕三頭筋は、収縮すると肘関節が伸びるので、伸^{しん}筋に分類される。

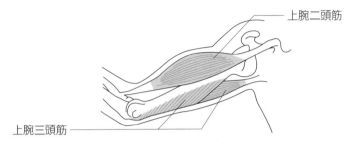

上腕二頭筋

上腕三頭筋

■頭部

□□ 頭部の筋は①表情筋（顔面筋）、②咀嚼筋^{そしゃくきん}の2種類がある。

□□ ①表情筋（顔面筋）は薄い板状の筋肉で、端部分は皮ふと連結している。

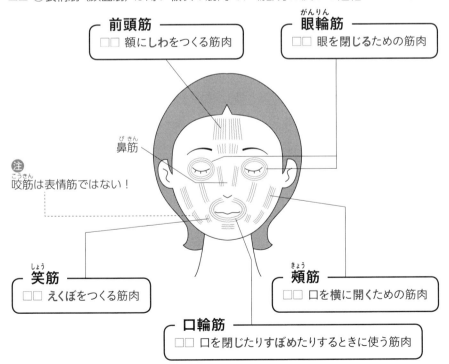

前頭筋
□□ 額にしわをつくる筋肉

眼輪筋（がんりん）
□□ 眼を閉じるための筋肉

鼻筋（びきん）

注（ちゅうき）
咬筋は表情筋ではない！

笑筋（しょう）
□□ えくぼをつくる筋肉

頬筋（きょう）
□□ 口を横に開くための筋肉

口輪筋
□□ 口を閉じたりすぼめたりするときに使う筋肉

4 人体の構造及び機能④（神経系）

神経系の種類

□□ 神経系には中枢神経と末梢神経がある。

□□ 中枢神経とは神経の働きの中心（中枢）であり、司令塔的役割を果たす。

□□ 末梢神経とは中枢神経以外の神経で、中枢神経から出て末梢器官と中枢神経とをつなぐ役割を果たす。

中枢神経系のはたらき

□□ 中枢神経には脳と脊髄がある。

■脳

□□ 脳は**1**大脳、**2**小脳、**3**脳幹からなる。

□□ **1**大脳は左右に分けられ、それぞれ「左半球」「右半球」と呼ばれる。

□□ **3**脳幹は間脳、中脳、橋、延髄からなる。

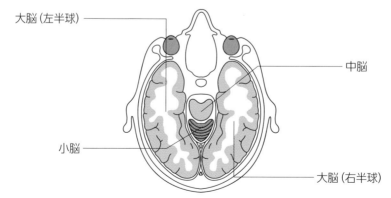

大脳（左半球）

中脳

小脳

大脳（右半球）

末梢神経系のはたらき

□□ 解剖学的には、脳と脊髄どちらの中枢神経から出ているのかに応じて❶脳神経と❷脊髄神経に分けられる。

□□ 役割・機能的には、①体性神経と②自律神経に分けられる。

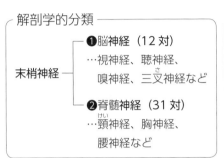

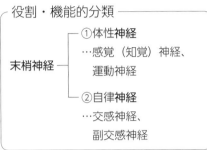

■自律神経

□□ 交感神経と副交感神経に分けられ、内臓などを調節する役割を果たす。

部位・機能	交感神経	副交感神経
心拍数	＋	－
皮膚血管	－	＋
唾液	±	∓
消化機能	－	＋
瞳孔	＋	－
気管支	＋	－
立毛筋	－	

左の表は、交感神経・副交感神経が優位になった場合に、体の各部分がどのように反応するかをまとめたものです。
「＋」は増加や拡張、亢進を表します。
「－」は減少や収縮、抑制を表します。
交感神経と副交感神経では逆の反応を表すことが分かります。たとえば、交感神経が優位になったときは心拍数は＋、つまり増加し、副交感神経が優位になったときは－、つまり減少します。
唾液に関しては交感神経優位では濃厚かつ少量になることから「±」、副交感神経では希薄かつ多量になることから「∓」と表しています。

┌─ HELPFUL TIPS! 　自律神経 ─

交感神経と副交感神経は逆なので、交感神経の－だけ覚えれば足ります。
「皮膚（皮膚血管）の毛立って（立毛筋）少々（消化機能）引いたわ～（－）」と覚えましょう。あとは唾液と立毛筋に注意すれば良いでしょう。

5 人体の構造及び機能⑤（感覚器系）

 感覚器系の種類

□□ 感覚器系には視覚、聴覚、平衡感覚、味覚、嗅覚、皮膚感覚、深部感覚、内臓感覚などがある。

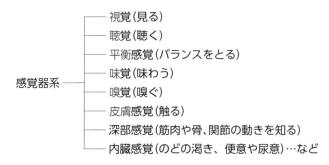

感覚器系 ─── 視覚（見る）
　　　　　─── 聴覚（聴く）
　　　　　─── 平衡感覚（バランスをとる）
　　　　　─── 味覚（味わう）
　　　　　─── 嗅覚（嗅ぐ）
　　　　　─── 皮膚感覚（触る）
　　　　　─── 深部感覚（筋肉や骨、関節の動きを知る）
　　　　　─── 内臓感覚（のどの渇き、便意や尿意）…など

 感覚器系の構造とはたらき

■視覚

□□ 視覚は眼球で行われる。

□□ 眼球は角膜、眼球結膜、瞳孔、虹彩、水晶体、網膜、毛様体などからなる。

角膜	・光の進入口 ・「黒目」の表面	虹彩	・カメラの絞り ・光の量を調整する
眼球結膜	・異物混入を防ぐ ・「白目」の表面	水晶体	・カメラのレンズ ・光の焦点を調整する
瞳孔	・光の通り道 ・瞳。「黒目」部分	網膜	・カメラのフィルム ・光の情報を収集伝達

□□ 網膜には「杆体細胞」「錐体細胞」、2種類の光を感じる感覚細胞がある。

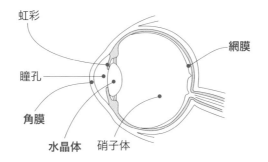

虹彩
瞳孔
角膜
水晶体　硝子体
網膜

■聴覚

□□ 聴覚は耳で行われる。

□□ 耳は外耳、中耳、内耳の3つからなる。

□□ 中耳には鼓膜があり、鼓膜と内耳を結ぶ道には耳小骨がある。

□□ 内耳には蝸牛がある。

鼓膜	音の刺激を受けて振動する
耳小骨	鼓膜で受けた振動を増幅する
蝸牛	音の振動を感知する

■平衡感覚

□□ 平衡感覚は内耳の平衡器官で行われる。

□□ 平衡器官は半規管、前庭からなる。

□□ 前庭には耳石という頭の傾きによって体や頭の位置を知る感覚器がある。

■味覚

□□ 味覚は舌で行われる。

□□ 舌に味蕾という味細胞がある。

■嗅覚

□□ 嗅覚は鼻の鼻腔粘膜の上部にある嗅部で行われる。

□□ 嗅部に嗅細胞がある。

■皮膚感覚

→p88〜89を参照

6 人体の構造及び機能⑥（循環器系）

血液

□□ 血液は必要な物質と不必要な物質を代謝する作用をもつ。

□□ 血液は体重の約8％を占める。

□□ 血液は血管から出ると凝固し（血餅）、上澄みが淡黄色の液体（血清）となる。

□□ 血液には赤血球、白血球、血小板などの細胞が含まれている。

赤血球	白血球					血小板
	多核白血球			単核白血球		
	好中球	好酸球	好塩基球	単球	リンパ球	
酸素を運ぶ	食作用	即時型アレルギー反応		食作用	免疫反応	血液凝固

□□ 赤血球は血色素（ヘモグロビン）を含む。

□□ 赤血球と血小板は核を持たない。

循環器系(1)

□□ 循環器系は心臓と血管及びリンパ管から構成されている。

□□ 心臓は血液を全身に送り出すポンプのはたらきをする。

□□ 血管とリンパ管は血液やリンパ液を運ぶパイプの役割をしている。

■心臓

□□ 血液は肺→肺静脈→左心房→左心室→大動脈のあと全身に送り出される。

…A

□□ 全身からの血液は、全身→大静脈→右心房→右心室→肺動脈のあと肺へと送り出される。

…B

□□ 心臓には冠状動脈によって栄養が供給されている。

心臓から出る血液は動脈を、入る血液は静脈を通ります(「静かに入る」と覚えましょう)。つまり、肺から送り出された酸素いっぱいの血液(動脈血)は肺静脈を通して心臓へ入ってきます。全身をめぐって二酸化炭素がたまった血液(静脈血)は肺動脈を通して心臓から出て行きます。

■血管(血液の循環経路)

□□ 血液循環には❶大循環(体循環)❷小循環(肺循環)❸門脈循環がある。

□□ ❶大循環(体循環)は「心臓⇔体」の血液の流れをいう。具体的には、上記A後半〜B前半(左心室→大動脈→全身→大静脈→右心房)である。

□□ ❷小循環(肺循環)は「心臓⇔肺」の血液の流れをいう。具体的には、上記B後半〜A前半(右心室→肺動脈→肺→肺静脈→左心房)である。

❶❷の流れの中の心室、心房をすべて「心臓(心)」と置き換えてみましょう。すると❶は体を中心に心がはさむ形、「心→大動脈→体→大静脈→心」、❷は肺を中心に心がはさむ形、「心→肺動脈→肺→肺静脈→心」となります。

<血液の循環経路簡略図>

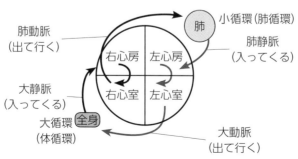

ゴロあわせで覚えよう　**心臓**

寝室　の上で 辛抱　する
(心室)の　（上　に　心房)

✂ 循環器系(2)

■血圧

☐☐ 心臓のポンプの力 (p78参照) の強さを血圧という。

☐☐ 血圧とは、通常「動脈圧」を指す。

☐☐ 血圧の高さは、血管の心臓への近さで決まる。心臓に最も近い大動脈の血圧
が一番高く、「小動脈＞毛細血管＞静脈」の順に低くなる。

＊小動脈は毛細血管の手前にある動脈、毛細血管は動脈と静脈の間をつなぐ最も細い血管
をいう。

☐☐ 心筋が収縮して全身に血液を押し出した時 (収縮期血圧) がもっとも高く、
心筋が弛緩して心臓に血液を入れ込む時 (拡張期血圧) がもっとも低い。

☐☐ 収縮期血圧は最高血圧 (あるいは最大血圧) ともいう。

☐☐ 拡張期血圧は最低血圧 (あるいは最小血圧) ともいう。

☐☐ 心臓1拍動ごとの動脈の波動を脈拍という。

<成人の血圧・脈拍の基準値>

最高血圧	110～130mmHg
最低血圧	65～80mmHg
脈拍	60～80回／分

■リンパ管系

☐☐ 全身をめぐるリンパの流れをリンパ管系という。

☐☐ リンパ管系は、リンパ管とリンパ節からなる。

☐☐ リンパ管は最後に静脈に合流する。

7 人体の構造及び機能⑦ （呼吸器系）

呼吸器系

□□ 肺で、空気と血液の間で行われるガス交換を肺呼吸という。

　＊呼吸による、酸素（O_2）と二酸化炭素（CO_2）との交換をガス交換という。

□□ 肺呼吸の際の、鼻孔〜肺の空気の通り道を気道という。

■気道

□□ 気道は「❶鼻孔→❷鼻腔→❸咽頭→❹喉頭→❺気管→❻気管支→❼肺」と続く道である。

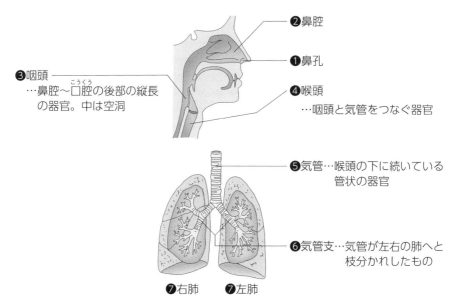

❷鼻腔

❶鼻孔

❸咽頭
　…鼻腔〜口腔の後部の縦長の器官。中は空洞

❹喉頭
　…咽頭と気管をつなぐ器官

❺気管…喉頭の下に続いている管状の器官

❻気管支…気管が左右の肺へと枝分かれしたもの

❼右肺　　❼左肺

■呼吸運動

□□ 安静時の呼吸回数は15〜20回／分（成人）である。

8 人体の構造及び機能⑧（消化器系）

 消化器系

□□ 消化器系は消化管と消化腺からなる。

■消化管

□□ 消化管は、❶口腔（こうくう）→❷咽頭（いんとう）→❸食道→❹胃→❺小腸→❻大腸→❼肛門を指す。

□□ 消化管は全長約9mの管である。

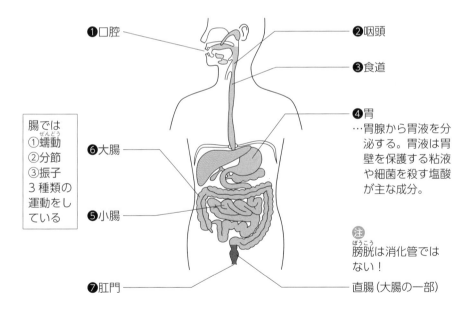

腸では
①蠕動（ぜんどう）
②分節
③振子
3種類の
運動をし
ている

❶口腔

❷咽頭

❸食道

❹胃
…胃腺から胃液を分
泌する。胃液は胃
壁を保護する粘液
や細菌を殺す塩酸
が主な成分。

（注）膀胱（ぼうこう）は消化管では
ない！

❻大腸

❺小腸

❼肛門

直腸（大腸の一部）

■消化腺

□□ 消化腺は消化を助けるための付属器官である。

□□ 消化腺は、唾液腺、肝臓、膵臓、胆嚢などからなる。

□□ 消化腺は、消化を助けるために消化酵素を出すものがある。

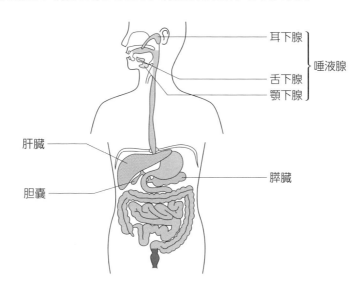

9 皮膚科学①（構造①）

 ## 皮膚の構造

□□ 皮膚の表面には無数の凹凸があり、凹を皮膚小溝（皮溝）、凸を皮膚小稜（皮丘）という。

□□ 皮膚は3層からなり、上から❶表皮、❷真皮、❸皮下組織と呼ばれる。

❶表皮

□□ 表皮は皮膚のもっとも外側にある。

□□ 表皮はその95％を角化細胞（ケラチノサイト）が占める。

◆表皮の成分

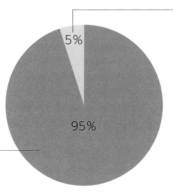

色素細胞（メラノサイト）
ランゲルハンス細胞
メルケル細胞　　　など

5％

95％

角化細胞（ケラチノサイト）

□□ 上から①**角質層**、②**顆粒層**、③**有棘層**、④**基底層**の4つの細胞層からなる

□□ ①**角質層**の成分は**ケラチン**というタンパク質である

□□ **角質層**は、手掌や足底では厚く、顔面や手足の屈曲部では薄い

□□ ④**基底層**は1列に並ぶ基底細胞からなる

□□ 基底細胞が分裂し、③**有棘層**→②**顆粒層**→①**角質層**へと上がっていく（角化）

□□ ④→①まで上がるのに約1カ月かかる

色素細胞 （メラノサイト）	・メラニンという皮膚の色素をつくる細胞 ・色素細胞の数は肌の色に関係なく一定である
ランゲルハンス細胞	・免疫に関する細胞 ・表皮に侵入する抗原物質（アレルゲン）を処理する
メルケル細胞	・触覚に関する細胞

❷真皮

☐☐ 真皮は2種類の線維成分からなる。

☐☐ コラーゲンというタンパク質からできた膠原線維が大部分を占める。

☐☐ エラスチンというタンパク質からできた弾性線維が残りの部分である。

❸皮下組織

☐☐ 皮下組織には脂肪細胞があり、脂肪をつくり、蓄える（皮下脂肪）。

☐☐ 皮下脂肪は、外からの機械的外力に対するクッション作用をもつ。

☐☐ 皮下脂肪は、温度変化に対する断熱材の役目も果たす。

ゴロあわせで覚えよう　表皮と真皮

角化細胞（ケラチノサイト）
角質層の成分は　〇　ケラチンというタンパク質
　　　　　　　　　×エラスチン
　　　　　　　　　×コラーゲン

色素細胞（メラノサイト）
〇　メラニンという皮膚の色素をつくる細胞である
　×ケラチン　×エラスチン

真皮
〇　エラスチンというタンパク質からなる弾性線維
　×ケラチン

エラい	男性	角に	毛が生え	色	眼鏡
（エラスチン）	（弾性線維）	（角質層）	（ケラチン）	（色素細胞）	（メラニン）

10 皮膚科学②（構造②）

皮膚付属器官の構造

□□ 皮膚には❶毛、❷脂腺、❸汗腺、❹爪といった皮膚付属器官がある。

❶毛

□□ 人体の頭毛（成人）は約10万本である。

□□ 毛には「成長期」「退行期」「休止期」という成長周期がある。

□□ 健康な成人の頭毛では、全体の85〜90%が成長期である。

□□ 毛はケラチンという硫黄を含むタンパク質からなる。

□□ ケラチンは縦に裂けやすいという性質をもっている。

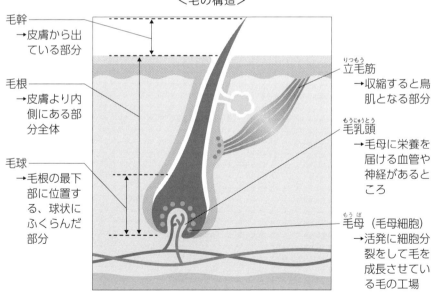

＜毛の構造＞

毛幹
→皮膚から出ている部分

毛根
→皮膚より内側にある部分全体

毛球
→毛根の最下部に位置する、球状にふくらんだ部分

立毛筋
→収縮すると鳥肌となる部分

毛乳頭
→毛母に栄養を届ける血管や神経があるところ

毛母（毛母細胞）
→活発に細胞分裂をして毛を成長させている毛の工場

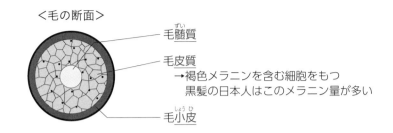

＜毛の断面＞

- 毛髄質
- 毛皮質
  →褐色メラニンを含む細胞をもつ
  　黒髪の日本人はこのメラニン量が多い
- 毛小皮

❷脂腺（皮脂腺）

□□ 脂腺は短い排出管をもって毛包に開口している。

□□ 皮脂を分泌して皮膚や毛にあぶらを与えるはたらきがある。

□□ 脂腺の数は体の部位によって異なるが、頭部、顔面、体の中央部に多い。

❸汗腺

□□ 汗腺にはエクリン腺とアポクリン腺の２種類ある。

┌─ アポクリン腺 ─────
│ □□ 汗腺体は**真皮**の深部か**皮下組織**にある
│ □□ **毛包**に開口している
│ □□ 外耳道、腋窩、乳輪、へそ、会陰部など特定の部位に限って存在する
│ □□ 思春期以降に発達する
└────────────

┌─ エクリン腺 ─────
│ □□ 汗腺体は**真皮**の深部にある
│ □□ **皮膚表面**に汗孔をつくり開口している
│ □□ 全身の皮膚にあり、特に**手掌**と**足底**に多い
└────────────

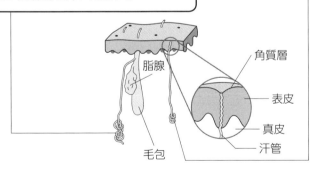

- 脂腺
- 毛包
- 角質層
- 表皮
- 真皮
- 汗管

❹爪

□□ 爪は表皮の角質層が変形したものである。

□□ 成分はケラチンである。

□□ 爪がつくられる部分を爪母といい、爪の成長に関する最重要部分である。

□□ 爪は常に成長し、成長周期はない。

11 皮膚科学③（生理機能）

皮膚の生理機能

☐☐ 皮膚には❶対外保護、❷体温調節、❸知覚、❹分泌排泄_{はいせつ}、❺吸収、❻再生などの作用がある。

❶対外保護作用

☐☐ ①機械的外力、②紫外線、③化学的刺激、④細菌などから人体を保護するはたらきをしている。

①機械的外力からの保護
☐☐ 皮膚の表皮角質層、膠原線維_{こうげん}・弾性線維、皮下脂肪の各成分が、機械的な**外力**から皮膚を保護する

②紫外線からの保護
☐☐ 皮膚は紫外線を吸収・散乱させることで皮膚内部への浸透を阻止し、皮膚と体を保護する

③化学的刺激からの保護
☐☐ まず皮膚表面の脂肪膜が、次に角質層の**ケラチン**が化学的刺激から皮膚を保護する
☐☐ 脂肪膜は汗と**皮脂**の混じり合う乳化した状態の膜である
☐☐ 脂肪膜は弱酸性である

④細菌等からの保護
☐☐ 弱酸性の脂肪膜によって細菌は発育抑制、死滅する
☐☐ 皮脂中の脂肪酸も弱酸性なので殺菌作用がある

❷体温調節作用

□□ 皮膚で体温調節を積極的に行っているのは、毛細血管と汗腺である。

❸知覚作用

□□ 外界からの刺激は、皮膚の神経終末が受容し、脳に伝達され、知覚される。

□□ 痛点、触点、温点、冷点など、皮膚には感覚を感じる各点が点在する。

❹分泌排泄作用

□□ 皮膚は、脂腺から出る皮脂によって水分の蒸発を防いでいる。

□□ 脂腺の発育は男性ホルモンの刺激によるので、男性の方が分泌が多い。

□□ 皮脂の分泌は20〜25歳をピークとし、高齢になると減少する。

❺吸収作用

□□ 皮膚の角質層は物質を吸収する作用ももち、これを経皮吸収と呼ぶ。

□□ 経皮吸収には①表皮経路と②皮膚付属器官経路の2種類がある。

❻再生作用

□□ 皮膚の再生機能は極めて大きい。

□□ 表皮が欠損しても、基底細胞が残っていれば瘢痕（傷跡）を残さず再生する。

 ## 皮膚付属器官の生理機能

□□ 毛は有害刺激やゴミから人体を保護するはたらきがある。

□□ 爪は、爪母が存在する限り再生可能である。

□□ 爪母が一部損壊すると、その部分の爪は変形ないし再生不能となる。

> 皮膚は基底細胞が残っていれば、
> 爪は爪母が残っていれば再生してくれます。
> なかなかたくましいですね！

12 皮膚科学④（保健）

皮膚の保健

☐☐ 皮膚の状態は、全身の健康状態に影響を受ける。

☐☐ 皮膚の健康に必要な真の栄養は、体の内側から血液などによって得られる。

■病気と皮膚

☐☐ 体内で病気になると、皮膚の状態も変化する。

肝臓病	皮膚は黄色くなり（黄疸）、胆汁酸の沈着によりかゆくなる
糖尿病	皮膚の抵抗力が弱まり、化膿菌、真菌による皮膚疾患にかかりやすくなる

■老化等と皮膚の水分・脂

☐☐ 肌のなめらかさは、皮膚の水分量に影響を受ける。

☐☐ 皮膚は個人の素因や環境の要因に影響されながらも、等しく老化する。

☐☐ 年齢を重ねるにつれ、皮膚の分泌作用も新陳代謝も低下する。

☐☐ 老化に伴い、皮膚の張りや弾力が失われると、たるみ・シワとなる。

☐☐ 洗剤等によって手のなめらかさを損なうのが手荒れである。

☐☐ 手荒れには、手袋をつける、保湿する、炎症を防ぐ対策をするなどで対処する。

☐☐ 皮脂の分泌量が過剰な肌をあぶら性（脂性肌）という。

☐☐ あぶら性（脂性）の皮膚は毛孔や汗孔に汚れやほこりがたまりやすく、ニキビにもなりやすい。

■ホルモンと皮膚

☐☐ 思春期になると、男性ホルモンが増加し、脂腺のはたらきが活発となり、皮脂の分泌が増加する。

■皮膚のお手入れ

□□ 皮膚のお手入れで最も大切なことは皮膚表面にたまったほこりや垢（あか）、細菌などを洗い落として、清潔な状態にすることである。

□□ 健康な成人の皮膚表面は弱酸性である。

□□ 紫外線対策はサンスクリーン剤を使うとよい。

□□ サンスクリーン剤には紫外線を吸収するタイプと散乱させるタイプがある。

□□ 角質層が過剰にはがれ落ちる現象をふけ症という。

□□ ふけ症のお手入れは、ふけ症のタイプによって異なる。

脂性（ベタベタタイプ）	よくシャンプーをして、汚れやふけを落とす
乾性（カサカサタイプ）	シャンプーをしすぎないようにする

皮膚付属器官の保健

■毛

□□ 毛は、脂腺から分泌される皮脂によって、水分の蒸発を防ぎ、光沢としなやかさを保つ。

□□ 一部部位の毛はホルモンの影響を受ける。

□□ 前頭部〜頭頂部が脱毛する男性型脱毛症は、①年齢、②（男性）ホルモン、③遺伝子の3因子から起こる。

■爪

□□ 爪のお手入れの基本は爪を切ることである。

□□ ただし、深く切りすぎることによる爪床（そうしょう）や指先の炎症に注意する。

男性ホルモンは、皮膚には「あぶら性」に、毛には「脱毛」に影響するため、皮膚疾患の要因になることがあります。

13 皮膚科学⑤（疾患）

 ## 皮膚の疾患

□□ 皮膚には、アレルギーやウイルス、細菌、真菌（カビ）などを原因としたさま
ざまな疾患（病気）が存在する。

接触性皮膚炎（かぶれ）

□□ **化学物質**や**薬物**などが皮膚に接触することで起こる皮膚の炎症

□□ **アレルギー性**のものとそうでないもの（非アレルギー性）がある

□□ アレルギー性では、何度か**抗原**（アレルギーの**原因物質**）に接触するうちに、
感作が成立してかぶれるようになる

□□ かぶれは、接触した場所にある程度**はっきり**と現れるのが特徴

□□ 原因物質を**薄めても**あまり効果はない。使用をやめる必要がある

□□ 原因物質に**二度と触れない**ようにすることが重要である

□□ 原因発見のためには、**パッチテスト**が有用である

□□ 染毛剤では、黒褐色に染める**パラフェニレンジアミン**が最もかぶれやすい

脂漏性皮膚炎

□□ ふけ症、**あぶら性**の人に多い

□□ 黄色がかった**紅斑**が現れる

□□ **落屑**もみられる

□□ 頭部～顔面、**腋窩**などに出る

□□ 真菌の一種である**マラセチア菌**
を原因とする

真菌

蕁麻疹

□□ 急性と慢性がある

□□ 急性では、**食物、薬**などが原因と
なる

□□ 慢性では、**寒冷、温熱、花粉、ダ
ニ**などが原因となる

食物、ダニなど

尋常性痤瘡（ニキビ）

- □□ 毛包が角質の栓でつまり、アクネ桿菌やブドウ球菌、真菌が増加し炎症を起こす
- □□ **男性**ホルモンのアンドロゲンを要因とする
- □□ 顔面、胸、**背中**など**脂腺**が多い場所にできやすい

男性ホルモン

単純性疱疹（単純性ヘルペス）

- □□ ほとんどが**口唇**やその周囲にできる
- □□ 単純性疱疹**ウイルス**が原因

ウイルス

青年性扁平疣贅（扁平イボ）

- □□ 思春期前後に多い
- □□ 額、頬、手背に出る
- □□ ヒト乳頭腫**ウイルス**が原因

ウイルス

男性型脱毛症

- □□ 額や頭頂部から始まるのが特徴
- □□ **男性**ホルモン（テストステロン）が原因の一つ

男性ホルモン

伝染性膿痂疹（トビヒ）

- □□ 小児に多い
- □□ **細菌皮膚感染症**の一つ
- □□ **表皮**にできた切り傷やかき傷に**化膿菌**、特に**ブドウ球菌**が入りこむことが原因となる

細菌

頭部白癬（シラクモ）

- □□ 小学生くらいの小児に多い
- □□ 真菌の一種の**白癬菌**が原因
- □□ **ペット**から感染することがある

真菌

疥癬（ヒゼン）

- □□ **手指の股**、手首等に発疹ができる
- □□ **ヒゼンダニ**を原因とする

ヒゼンダニ

円形脱毛症

- □□ 感染はしない
- □□ ストレスなどによる**免疫異常**が原因

免疫異常

尋常性毛瘡（カミソリカブレ）

- □□ ひげの毛包に化膿菌が感染することで起こる慢性の炎症

細菌

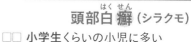

1 香粧品の原料①

💇 水性原料

☐☐ エタノールは化粧水に非水溶性化合物（油分など）を溶かす有機溶媒である。

☐☐ エタノールには、皮膚を引き締める収れん作用がある。

☐☐ メタノールは強毒性があるため、化粧品への配合が禁止されている。

☐☐ イソプロパノールには、殺菌力と防腐作用がある。

💇 油性原料

油脂	☐☐ 脂肪酸とグリセリンのエステル（化合物）である ☐☐ 動物油脂（肝油（スクワレン）など）と植物油脂（**ヒマシ油**など）がある ☐☐ 油脂が酸素や日光によって変質することを**酸敗**という
ロウ類	☐☐ **高級脂肪酸と高級アルコールのエステルである**
炭化水素	☐☐ 炭素原子と水素原子の化合物である ☐☐ **石油**から得られる（鉱物油（**ワセリン**、**パラフィン**など）） ☐☐ 動植物からも採取され、代表的なのは**スクワラン**（スクワレンに水素を添加したもの）である ☐☐ 口紅や**クリーム**に配合される
高級脂肪酸	☐☐ 炭素数の多い脂肪酸をいう
高級アルコール	☐☐ 炭素数の多いアルコールをいう ☐☐ 代表的なものは**セタノール**（セチルアルコール）である
シリコーン	☐☐ 水をはじく性質がある（撥水性） ☐☐ **スタイリング剤**などに配合される

 界面活性剤

□□ 1分子中に親油性（疎水性）と親水性の構造をもつ物質の総称である。

　*親油性の部分を親油基、親水性の部分を親水基という。

□□ 界面活性剤は臨界ミセル濃度（cmc）を超えると乳化を始め、界面活性剤としての性質を帯びる。そして、洗浄力、可溶化能力などが高くなる。

　*乳化を始める一定の濃度を臨界ミセル濃度という。

界面活性剤の主な作用	香粧品での主な利用法	配合される界面活性剤の種類
洗浄力 ・汚れを除去する力	石けん ・界面活性剤の一種。油脂を加水分解してつくられている	陰イオン界面活性剤 ・水に溶かした時に親水基が陰イオン化する(負電気を帯びる)
可溶化 ・水に溶けにくい物質を透明にして溶かす	化粧水 ・水に溶けない**ビタミン**類が溶かしてある	非イオン界面活性剤 ・水に溶かした時に親水基がイオン化しない
乳化 ・油相と水相を混合して、エマルジョン(乳濁液)を形成	乳液、クリーム ・乳液の「乳化剤」としてよく使われている	O/W型（水相に油が分散）W/O型（油相に水が分散）の2種類の乳化型がある
分散化 ・粉体(固体)を水相・油相の中に分散して安定化	**ファンデーション** ・口紅 ・リキッドやパウダーなど**ファンデーション**、口紅では顔料を均一に分散させる分散剤として使われている	両性界面活性剤 ・水に溶かした時に親水基が酸性水溶液では陽イオン化(正電気を帯び)、アルカリ性水溶液では陰イオン化(負電気を帯びる) ・洗浄性や殺菌力もある
帯電防止 ・静電気を防止する	ヘアリンス剤 ・**第四級アンモニウム塩**が使われる。キューティクルに吸着して毛髪表面に**皮膜**を形成する	陽イオン界面活性剤 ・水に溶かした時に親水基が陽イオン化する(正電気を帯びる) ・殺菌力もある

4

香粧品の原料①

2 香粧品の原料②

 高分子化合物

□□ 高分子化合物とは、小さな分子が結合してできた大きな分子をいう。

分類		香粧品での利用法	代表的なもの
天然高分子化合物 ・自然の素材	植物系	増粘剤、乳化安定剤	**デンプン、アラビアゴム**
	動物系	保湿剤	**コラーゲン、エラスチン**
		保湿剤、殺菌剤	**キトサン**
半合成高分子化合物 ・天然高分子を化学処理したもの		増粘剤	セルロース誘導体
		皮膜形成剤	**ニトロセルロース**
合成高分子化合物 ・すべて人工的に つくられたもの	ビニル系	**皮膜形成剤**	ポリビニルアルコール (PVA) ・**パック基剤**に多い ポリビニルピロリドン (PVP) ・**ヘアスタイリング**剤に 多い
	アクリル系		アクリル樹脂**アルカノール** **アミン** ・**ヘアスタイリング**剤に 多い

※合成高分子化合物の中には増粘剤や分散剤として利用されるものもあるが、試験との関係では皮膜形成剤として使われるものが重要なので、しぼって掲載してある。

色材

色材の分類		色材	色材、用途など
無機顔料	着色顔料	酸化鉄顔料	ベンガラ（赤色）
		カーボンブラック	眉墨
	白色顔料	酸化チタン、酸化亜鉛など	
タール色素（法定色素）	有機顔料	青色1号など。いわゆる合成着色料	
光輝性顔料（パール顔料）		雲母チタンなど	
天然色素		β-カロチンなど	

□□ タール色素は、香粧品に使えるものが法律で定められている（法定色素）。

□□ タール色素の有機顔料は、水や有機溶媒に溶けない。

 その他の原料

品質保持のための配合成分	代表的な原料名
防腐剤	パラオキシ安息香酸エステル（パラベン）
殺菌剤	クロルヘキシジン
酸化防止剤（抗酸化剤）	ジブチルヒドロキシトルエン（BHT）
保湿剤	ヒアルロン酸ナトリウム、セラミド
紫外線吸収剤	ベンゾフェノン誘導体
収れん剤	クエン酸
アミノ酸類	システイン、ロイシン、セリン

※システインはよく育毛剤に含まれる成分である。

3 頭皮・毛髪用香粧品①

✂ ヘアスタイリング剤

□□ ❶粘性のものと❷高分子化合物（p96参照）を固化したものがある。

❶粘性のもの	❷高分子化合物を固化したもの
・古くから使われているタイプ	・近年使われるようになったタイプ ・ポリビニル**ピロリドン**(PVP)や**アクリル樹脂アル**カノールアミン液などの**皮膜形成剤**が配合されていることが多い
・ヘアオイル ・ヘアクリーム ・**ヘアリキッド** など 　➡ **エタノール**水溶液にスタイリング成分を溶解したもの	・ヘアミスト ・**ヘアスプレー** ・ヘアフォーム ⎫ **エアゾール**タイプ 噴射剤には**液化石油ガス**(LPG)や**ジメチルエーテル**(DME)が配合されている

✂ パーマ剤

□□ パーマ剤は第1剤（還元剤）と第2剤（酸化剤）からなる。

□□ 第1剤によって、ケラチンのポリペチド鎖間の架橋構造の水素結合、イオン結合、システィン結合が次々と切断される。

化学用語についてはP102〜103で説明しています。参考にしてくださいね。

<パーマがつくられる仕組み>

① **水素**結合は第1剤の**水**で切断され、髪が**軟化**、**膨潤**する。

② **イオン**結合は第1剤中の**アルカリ剤**で切断され、毛髪はさらに**軟化**、**膨潤**する。

③ **シスチン**結合が、**軟化・膨潤**した毛髪へと浸透した**還元剤**によって切断される。

④ **シスチン**結合が切断されるとロッドに巻かれた毛髪のポリペチド鎖間の架橋構造がずれる。

⑤ 架橋構造がずれた状態に第2剤が浸透すると、ずれたまま**シスチン**結合が酸化→再結合することでウェーブが固定される。

<パーマ剤の組成>

第1剤の組成		
還元剤	チオグリコール酸	システインよりも**還元力が強い**
	システイン	還元力は弱いが、補修力がある
アルカリ剤	アンモニア水	揮発性のある、強アルカリ剤
	モノエタノールアミン	揮発性のない、強アルカリ剤
添加剤	界面活性剤など	
水（溶剤）		

アルカリ剤のpHが高いほど強アルカリ性となり膨潤度が大きくなる。

第2剤の組成		
酸化剤	臭素酸ナトリウム	水によく溶ける。**酸化力は穏やか**
	過酸化水素水	**酸化力が強く**、作業時間が短縮できる
添加剤	界面活性剤など	
水（溶剤）		

4

頭皮・毛髪用香粧品①

4 頭皮・毛髪用香粧品②

 ヘアカラー剤

一時染毛料(化粧品)		・法定色素などを毛髪の表面に付着させるのみ。 ・1回のシャンプーで着色料は除去（じょきょ）される。
半永久染毛料 (化粧品)	酸性染毛料	・**ヘアマニキュア**が代表的。 ・水に溶かすと**マイナス(ー)電気**を帯び、毛髪内のケラチンタンパク質(＋)と電気的に引き合う(イオン結合)。 ・1回のシャンプーでは染料は除去されない。 ・**2週間～1カ月**ほど効果が持続する。 ・**脱色**効果はない。
永久染毛剤 (医薬部外品)	酸化染毛剤	・使用ごとの**パッチテスト**が義務づけられている。 ・**パッチテスト**は48時間前に行う。 ・シャンプーでは染料は除去されない。 ・**長期間**、効果が持続する。 ・着色と同時に**脱色**効果がある。

□□ 法律によって、一時ないし半永久染毛料は「化粧品」に、永久染毛剤は「医薬部外品」に分類されている。

□□ 酸化染毛剤は第1剤と第2剤からなる。

□□ パッチテストのテスト液は、第1剤と第2剤を指定された割合で混ぜ合わせて作る。

□□ 酸化染毛剤の第1剤から染料を除いたものと第2剤の組み合わせが脱色剤である（次ページ ▢▢▢▢ 内）。つまり、酸化染毛剤は脱色剤＋染料である。

■酸化染毛剤（第１剤）の組成

染料	直接染料 元来色をもつ染料		ニトロパラフェ ニレンジアミン	赤色
	酸化染料 酸化剤により 発色する染料	**染料中間体** 元来無色。酸化剤により発色する	パラフェニレン ジアミン	暗褐色
		カップラー（調色剤） 単独では酸化しても発色しないが、染料中間体と一緒なら中間体と異なる色に発色する	レゾルシン	緑褐色*
アルカリ剤	**アンモニア**水など			
安定剤	界面活性剤など			
溶剤	水、アルコールなど			

＊染料中間体のパラフェニレンジアミンと合わせた場合の色調

■酸化染毛剤（第２剤）の組成

酸化剤	過酸化水素水
安定剤	界面活性剤など
溶剤	水、アルコールなど

> 過酸化水素水は第1剤のアルカリ剤により分解され酸素を出す。その酸素が毛髪のメラニン色素を酸化、分解することで毛髪は脱色される（脱色剤の効果）。

 育毛剤

□□ ふけ・かゆみの抑制を効能とする育毛剤は「化粧品」、発毛促進・抜け毛予防を効能とする育毛剤は「医薬部外品」、発毛剤は「医薬品」である。

■育毛剤の主な配合成分（＿＿＿＿は「医薬品」扱いとなる成分）

抗男性ホルモン剤	エストロン、**フィナステリド**など
代謝活性剤	ヒノキチオール、プラセンタエキスなど
毛細血管血流促進剤	センブリエキス、**ミノキシジル**など

5 香粧品の化学

ここでは、ヘア用品を理解するのに必須の化学のことばをやさしく説明しています。試験で頻出のパーマ剤で、よく出てくる部分です。

毛髪は80〜90％は**ケラチン**というタンパク質からできています。
では、タンパク質は何からできているのでしょう？
タンパク質は**アミノ酸**からできています。化学的にいうと「タンパク質を酸で**加水分解**するとさまざまなアミノ酸を生じる」ということになります。アミノ酸をいくつも組み合わせたものがタンパク質なのです。

アミノ酸 アミノ酸 アミノ酸 アミノ酸 ➡ タンパク質

体内のタンパク質は、アミノ酸の組み合わせによって、10万種類以上あるといわれています。毛髪のケラチンタンパク質も皮膚のコラーゲンタンパク質も、この10万種類あるタンパク質の一種なんですね。

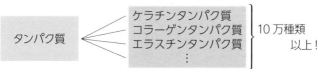

タンパク質 ← ケラチンタンパク質
コラーゲンタンパク質
エラスチンタンパク質
⋮ ⎱ 10万種類
以上！

ケラチンは18種類のアミノ酸からできていて、タンパク質同士が強く結びついた**繊維状の硬タンパク質**であるといわれます。弾力があって、水分を含んでいます。爪もこの硬タンパク質でできています。

「アミノ酸の組み合わせ」は化学の世界では、アミノ酸の「**ペプチド結合**」といいます。そして、組み合わせにはそれぞれ名前がついています。

例えば、アミノ酸2つの組み合わせはジペプチド、3つはトリペプチド…そして多数の組み合わせを一般的に**ポリペプチド**といいます。このポリペプチドは鎖状の構造をしているといわれます。多数のアミノ酸がまるで鎖のようにつながっているのがポリペプチドというわけです。

そしてこのポリペプチド同士がさらにくっつきます。

例えば「**水素結合**」をします。**水素**結合は静電気のような弱いくっつき方です。寝ぐせはこの水素結合の切断と再集合によって生じるものです。

ほかに「**イオン結合**」というのもあります。**イオン**結合は陽（＋）イオンと陰（－）イオンがくっつくもので、**水素**結合よりも強い結びつきです。ヘアマニキュア（酸性染毛料）も**イオン**結合を利用しています（p100参照）。

さらに一番強い結びつきが「**シスチン結合**」（共有結合の一つ）です。ケラチンタンパク質には、ほかのタンパク質にはめったに含まれることのない「**シスチン**」という成分を14〜18％も含んでいるのが特徴なのですが、**シスチン**は、システイン（-S）という硫黄成分がくっついたものです。システイン同士がくっつくことを化学的に「**シスチン結合**」(-S-S-)と呼びます。髪の毛をドライヤーなどで焦がした時のにおい、硫黄のようなにおいは、シスチンのにおいといえます。

これらの結合はまるでポリペプチド同士（ポリペプチド鎖間といいます）に橋を架けるように結びついているので「**架橋構造**」といわれます。

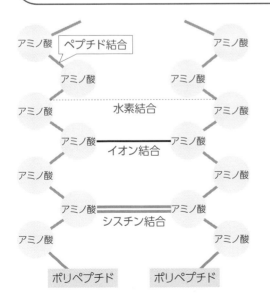

ポリペプチドはアミノ酸の玉がまるで鎖のように連なっていることから、「ポリペプチド鎖」とも呼ばれます。

6 芳香製品・サンケア製品

芳香製品

□□ 芳香製品は、香料をエタノールで溶かしたものである。

□□ 配合される香料の割合（賦香率）の高い順に、香水、パフュームコロン、オードトワレ、オーデコロンに分類される。

	香水	パフュームコロン	オードトワレ	オーデコロン
賦香率(%)	15～25	10～15	5～10	3～5
香りが続く時間	2時間以上	4～5時間	3～4時間	1～2時間

＊香水は、香りのグラデーションが顕著のため、「香りが続く時間」は他の製品とはその扱いが異なる。

□□ 香水の香りは、その発散の具合によって、3段階のグラデーションがある。

＜時間による香りのグラデーション＞

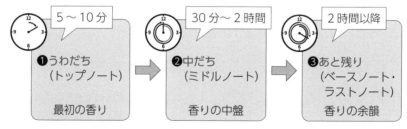

サンケア製品

□□ サンケア製品とは、紫外線を防御ないし吸収する製品の総称である。

□□ 紫外線には❶UV-A（長波長紫外線）と❷UV-B（中波長紫外線）があり、❶はサンタン（メラニンの増加による肌の黒色化）を、❷はサンバーン（急性の

炎症）を起こす。

□□ ❶UV-Aの防御指標はPAで表され、「＋」が多いほど防止効果が高い。

□□ ❷UV-Bの防御指標はSPFで表され、塗らない場合と比べて紅斑を生じるのに何倍の時間がかかるのかを示している（例えばSPF50は50倍）。

<紫外線の種類と防御指標>

紫外線の種類	特徴	防御指標
UV-A（長波長紫外線）	メラニン色素を増加させ、肌を黒色化する（サンタン）	PA
UV-B（中波長紫外線）	急性の炎症を起こし、肌に紅斑を生じる（サンバーン）	SPF

<サンケア製品の特徴>

サンスクリーン製品	・サンタン、サンバーン両方を防ぐ ・紫外線吸収剤に紫外線散乱剤（酸化チタン、酸化亜鉛など）を配合し、肌への負担を減らしている
サンタン製品	・サンバーンを防ぐ ・UV-Aの吸収は弱く、肌へと透過する ・炎症は防止するが、肌を均一な小麦色にする ・紫外線吸収剤のみを配合するものが多い
アフターサンケア製品	・サンバーンを緩和する ・炎症緩和剤を配合する（カラミンローション）

ゴロあわせで覚えよう　サンタン・サンバーン

淡々と　　黒く、　急に　　バーン！
（サンタン・肌を黒くする）（急性の炎症・サンバーン）

1 文化論①（髪型）

✂ 髪型の文化史

年代	主な出来事	男性の髪型	女性の髪型
明治時代 （1868～1912） 大正時代 （1912～1926）	1871（明治4）年　断髪令 ■理髪用具の国産化 日本人特有の硬毛を切るのに西洋理髪鋏やクリッパー（バリカン）が必須となり、国産化へ 西洋理髪鋏 クリッパー（バリカン） ■日常生活の西洋化 和洋折衷の生活様式、洋服が日常の仕事着へ	＜文明開化による断髪＞ ■丸刈 クリッパーでつくる断髪 ■チャン刈 クリッパーと鋏でつくる ■ブロースカット 丸刈と角刈の折衷 ■坊っちゃん刈 頭頂部長めの子どもスタイル ■オールバック 青年や会社員に人気 ■ハーフロング 短めのオールバック	＜日本髪と西洋髪の混在＞ ■日本髪 ・文金高島田 ・銀杏返し ・桃割れ など （p149参照） ■西洋髪（束髪） ・西洋上げ巻き ・イギリス結び ・まがれいと など ■ひさし髪（二百三高地髷） 突き出た前髪が特徴 ■女優髷 七三に分けた前髪が特徴 ■耳隠し ウエーブ髪で耳を隠す髪型 ■ショートカット（断髪） 洋装とセットでモダンガールと呼ばれる

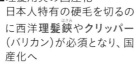

昭和時代
<戦前>
(1926～1945)

■パーマネントウエーブ導入
リーゼントの輸入を契機に
技術の普及、機械の国産化

■パーマネントウエーブ禁止
戦時体制強化に伴い、長髪
やパーマヘアが禁止

1945 (昭和20) 年　終戦

■進駐軍文化
アメリカ文化の流入

■若者文化
1950年代の象徴

■グループサウンズ、
学生運動の高まり
1960～70年代の象徴

昭和時代
<終戦後>
(1945～
　　1970年代)

■リーゼント
イギリスから輸入さ
れた

<翼賛(よくさん)型3種>
非常時の短髪。1
～3号型がある

■リーゼント
アメリカ文化。アロ
ハシャツとセット

■GI刈
米兵風の短髪。G
パンとセット

■慎太郎刈
太陽族。丸首シャ
ツとセット

■アイビールック
1960年代前半。短
髪の七三分け

■アフロヘア
黒人解放運動の高
まりの影響

■マッシュルーム
カット
1960年代後半。ビー
トルズ由来

■長髪
～1970年代後半。
学生運動とともに

■パーマヘア
女性の社会進出を
後押しした

<暗黒時代>
髪型の自由の喪失

■コールドパーマネ
ントウエーブ
短く軽いカール。
フェザーカール

■ヘップバーンカット
オードリー・ヘッ
プバーン由来の
ショートカット

■セシールカット
1950年代後半。極
短髪のボーイッシュ
ボブ

■ポニーテール
1955年～。米映画
により流行

■ウルフカット
1970年代～。段カッ
トとも

■サーファーカット
1975年～。より自
然な段カット

5

文化論①〈髪型〉

2 文化論②（服装）

 ## 服装の文化史

洋服のはじまり
・幕末〜明治初めの軍服がスタート
・明治維新後は洋服が文明開化の象徴に
・洋服はステータスシンボルでもあった

明治時代
（1868〜1912）

男性
・警官、鉄道員の制服として洋服を使用。政府高官などエリートたちが背広を着用

背広

女性
・鹿鳴館でのバッスルドレスなど、一部で洋装が採用されるも、男性ほど一般的ではなく、和装の海老茶袴などが流行

袴

大正時代
（1912〜1926）

大正デモクラシーと洋服
・男性は会社員に背広が広まる
・バスガールなど職業婦人の制服が洋装化
・洋装の定着は関東大震災（1923年）以降
・女学生のセーラー服がはじまる
・夏の簡易ドレス『アッパッパ』の流行

バスガール

昭和時代
<戦前>
（1926〜1945）

モガ→戦時服へ
・昭和初期は**モガ**（モダンガール）&**モボ**（モダンボーイ）がダンスホールに集結
・女性下着**ズロース**の普及
・第2次大戦により、男性は**国民服**（甲型・乙型）に
・女性は**もんぺスタイル**が主流に

もんぺスタイル

アメリカンファッションの流行
・1947年パリコレでのクリスチャン・ディオールの**ニュールック**からアメリカ経由で日本でも**ロングスカート**が流行
・**洋裁**がブームに
・1950年代半ば、男性に**マンボズボン**、女性に**落下傘スカート**が流行
・1950年代後半にはパリコレの影響から、**サックドレス**が流行

サックドレス

昭和時代
<終戦後>
（1945〜
　　1970年代）

1960年代半ば
・アメトラ（アメリカン・トラディショナル）ファッションで**アイビールック**の流行
・「**西銀座族**」「**みゆき族**」の登場
・男性ファッションのカラフル化（ピーコック革命）
・パリでのオートクチュール→プレタポルテ（既製服）の流れを受けて、日本も既製服時代へ

アイビールック

1960年代後半〜1970年代
・ツイッギーの来日をピークに1968年**ミニスカート**がブーツと平行して流行、背が低い日本人に似合うスタイルだった
・**ヒッピーファッション**の登場
・1974年、ケンゾーの**フォークルック**流行
・**アンノンファッション**流行
・**ニュートラ、ハマトラ**登場
・1970年代後半**フィフティーズ**流行
・**オリーブ少女**出現
・**竹の子族**の登場

オリーブ少女&竹の子族

3 文化論③（礼装）

洋装の礼装

夜の正式礼装	夜の略式礼装		昼の正式礼装	昼の略式礼装
燕尾服 （ホワイトタイ）	メスジャケット	タキシード （ブラックタイ）	モーニングコート	ディレクターズ スーツ
イブニングドレス ／ローブデコルテ	ディナードレス	カクテルドレス	ロープモンタント	スーツ／ ワンピース

✂ 和装の礼装

花嫁の礼装		
打掛・小袖（白無垢・色打掛、黒振袖など）		色直し
 白無垢	 黒振袖	
・花嫁の礼装は**小袖**の上に打掛を重ねたものである ・打掛の下の**小袖**を掛下ないし**長着**ともいう ・今日、打掛下の小袖は**振袖**とされている ・身丈は**引き裾**となる丈 ・明治時代の花嫁衣装は**黒振袖**が一般的		・**大振袖二枚重ね**が正式 ・抱え帯・しごき帯使用 ・現代では**中振袖**の場合もある
女性の礼装		男性の礼装
振袖	留袖	紋付き羽織袴
・**未婚者**が着用する ・**染抜き五つ紋**が正式 ・地色が黒以外を色振袖という	・黒留袖は**既婚者**の礼装 ・黒留袖は**江戸褄**ともいう ・色留袖は**未婚者**も着用可	・羽二重五つ紋つき黒着物に羽織・袴が礼装 ・**未婚・既婚**、慶**弔**事の区別なく着用される

＊羽二重とは良質な生糸の絹織物、五つ紋とは背中、両胸、両袖に紋があるものをいう。
＊準礼装以下は、p150参照。

4 美容技術理論① （序論・美容用具）

美容技術の基本

■作業姿勢

□□ ❶正しく❷安定した姿勢を❸合理的な力の配分で施すことが望ましい。

❶正しい姿勢と作業点	❷安定した姿勢と垂線	❸合理的な力配分と姿勢
正しい姿勢の基本 ①施術箇所に正対する ②心臓の高さで施術する →椅子の高さで調整する 例パーマでロッドを巻く時、客の頭部＝技術者の心臓の高さに椅子を調整する	立位作業での安定姿勢 技術者の重心から下ろした垂線が、両足に囲まれた領域内にあること 例シャンプー時の前傾姿勢。頭部の位置が不自然で首や肩に負担がかかる	合理的な力配分の姿勢 合理的な力配分のためには正しい姿勢をとることが大切である 例肩関節を固定して手を動かす作業をする場合 →肘に余裕をもたせて手先を動かすようにする

■ヘアライン（頭部の生え際）の各名称

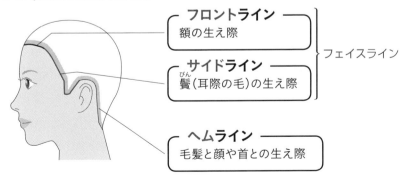

フロントライン
額の生え際

サイドライン
鬢（耳際の毛）の生え際

フェイスライン

ヘムライン
毛髪と顔や首との生え際

■頭部の基準ポイント

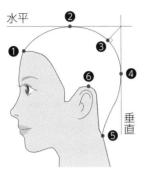

頭部のポイントの名称	位置
❶フロントポイント（FP）	前頭部の**生え際**と正中線の交点
❷トップポイント（TP）	正中線上にある頭部の**頂点**
❸ゴールデンポイント（GP）	正中線上で、TPを通る水平線とBPを通る垂直線の交点から頭皮へ**直角**に下ろした点
❹バックポイント（BP）	正中線上の、後頭部の最凸部
❺ネープポイント（NP）	正中線と襟足の交点
❻イヤーポイント（EP）	耳の付け根の上の部分

✂ **美容用具（電気器具）**

●ヘアアイロン

□□ サーモスタットを内蔵した電熱式アイロンが主流である。

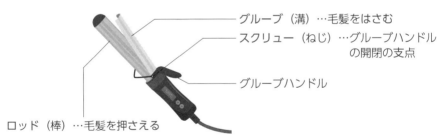

グルーブ（溝）…毛髪をはさむ
スクリュー（ねじ）…グルーブハンドルの開閉の支点
グルーブハンドル
ロッド（棒）…毛髪を押さえる

●ヘアドライヤー

構造		特徴
ブロータイプ	毛髪に**直接風**を吹きつける	音が**静か**。毛髪も乱れにくいが、時間が**かかる**
タービネートタイプ	**旋回**された風が送り出される	風の**循環**と**旋回**を利用しており、乾燥効率が良い

＊なお、着脱式のアタッチメントは、用途に応じて交換する。

□□ ハンドドライヤーとスタンドドライヤーの2種類ある。

□□ ハンドドライヤーはブロータイプが一般的だが、スタンドドライヤーにはブロー、タービネートの両タイプが存在する。

□□ ヘアドライヤーは、ファン（扇）の回転によって起こされた風がニクロム線（発熱器）によって熱せられて送風されるしくみである。

□□ ドライヤーの熱で、結合水まで水分が蒸発するとオーバードライとなる。

●ヘアスチーマー

□□ 蒸気の粒子が細かいものが良い。

美容道具

□□ コーム、ブラシ、シザーズ、レザーなどは美容の「道具」といわれる。

●コーム

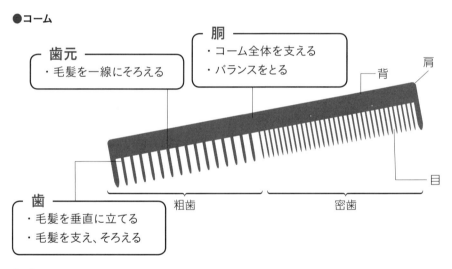

歯元
・毛髪を一線にそろえる

胴
・コーム全体を支える
・バランスをとる

背

肩

目

歯
・毛髪を垂直に立てる
・毛髪を支え、そろえる

粗歯　　　密歯

●ブラシ

種類	用途・選び方など
ヘア用ブラシ	ブラッシング用には多少硬くて弾力あるものが良い
毛払いブラシ	柔らかくて毛の長いものが良い
メイクアップ用ブラシ	眉用のアイブロウブラシ、舞台化粧用の板刷毛など
ネイルブラシ	ネイルケア用。爪の汚れをとる

<お手入れ方法>

❶ 洗剤に浸す。

❷ やわらかい毛のものは指先で軽くもんで、硬い毛のものは**洗浄ブラシ**で汚れを落とす。

❸ 水ですすいだ後、水分をふきとり、消毒液につける。

❹ 再び水ですすいだら、乾かす。このとき、毛は下に向けること。

※コームよりも汚れやすいので、以上のお手入れを**毎回必ず行う**こと。

●シザーズ(鋏)

□□ 相対した2枚の刃が交差することによる剪断応力を利用している。

□□ 開閉したときに交点での接触圧が均等となるものを選ぶ。

□□ 動刃と静刃の間に、凸レンズ状の空きが正確にできるものを選ぶ。

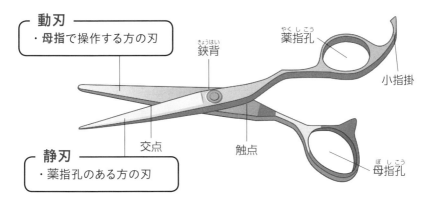

動刃
・**母指**で操作する方の刃

鋏背

薬指孔

小指掛

交点

触点

静刃
・薬指孔のある方の刃

母指孔

<シザーズ(鋏)の種類と特徴>

種類		特徴
シザーズ	カッティングシザーズ	様々な大きさの鋏身がある。毛髪のカット用
	セニングシザーズ	片方の刃がくし状になっている鋏。毛量の調整用
	アールシザーズ	刃先が弓状にそっている鋏。**細かな部分の調整用**
クリッパー		スライスしたパネル(板状の**毛束**)をカットできるもの
トリマー		刃が小さく小パワー。**ネープ**処理などに最適

●レザー(西洋かみそり)

□□ 内曲線状の刃ではなく、直線状ないし外曲線状のものが良い。

5 美容技術理論② (シャンプー・リンス・トリートメント)

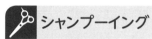 シャンプーイング

■シャンプーの種類

頭皮・毛髪の状態	適したシャンプー剤の特徴
脂性	・油成分⑨、洗浄力⑱ ➡ 脱脂効果アリ
乾性・ダメージヘア (乾燥性頭皮、パーマ・ カラーによる乾燥毛)	・洗浄力やや⑨、頭皮環境を整える(コンディショニング効果) ・カチオンポリマー、シリコーン誘導体等を配合したもの
ヘアカラー	・弱酸性 ➡ 保湿性を高める
ふけ症	・ジンクピリチオン(抗ふけ効果)配合

■サイドシャンプーとバックシャンプー

サイドシャンプー	比較ポイント	バックシャンプー
客やシャンプーボウルの左側	立ち位置	客やシャンプーボウルの後ろ
必要	フェイスマスク	不要
・水圧を上げて洗える ・短時間で洗える ・技術者が腰痛になりやすい	長所と短所	・両手でしっかり洗える ・ネープが洗いやすい ・耳の後ろを洗い残しやすい

■シャンプーのプロセス

❶ブラッシング

目的	・毛髪の**汚れ**を取り除く ・頭皮の**新陳代謝**の促進（マッサージ効果） ・**皮脂**の分泌の促進（毛のつやをよくする）

↓

❷すすぎ
　（プレーンリンス）

方向	・**根元➡毛先**（**フロント・サイド➡ゴールデンポイント**）

↓

❸ファーストシャンプー

目的	・毛髪の**汚れ**を取り除く ・ヘアデザインの土台づくり
ポイント	・動きは**大きめ**、リズム良く ・時間が**かかりすぎない**ようにする

↓

❹すすぎ

↓

❺セカンドシャンプー

目的	・ファーストシャンプーで残った**汚れの除去** ・ヘアデザインの土台作り
ポイント	・動きは**細かめ**に ・血行促進やマッサージ効果を意識する

↓

❻すすぎ

湯の適温
38
〜
40
℃

リンス・トリートメントの成分

■リンス・トリートメントに共通の成分

配合される代表的な成分	特徴・効果・具体的な成分など
カチオン界面活性剤	・**皮膜を形成し静電気を防ぐ** ・多くの製品に主成分として配合されている
タンパク質加水分解物 （**PPT** = Polypeptide） ポリペプチド	・毛髪（タンパク質）類似成分 ・分解によって、タンパク質より水に溶けやすい
油性物質	・スクワラン、エステル油など
殺菌剤	・**ジンクピリチオン**など

✂ リンス・トリートメントの種類

■リンス

種類	使用目的
PPT配合リンス	乾燥して傷んだ毛髪に使用する
油性物質配合リンス	
酸性リンス (クエン酸リンスなど)	カラー・ブリーチ後に**アルカリ**性に傾いた毛髪を**弱酸性**に戻すために使用する
殺菌剤配合リンス	**ふけ症**の頭皮・毛髪に使用する

■トリートメント

代表的な種類	使用目的・特徴
PPTトリートメント	・毛髪補修成分の**PPT**（ポリペプチド）を高濃度配合
オイルトリートメント	・浸透力に優れている ・毛髪の損傷部分に塗布→**加温**して使用する
プレトリートメント	・**パーマ**や**カラー**の施術前に使用する ・毛髪の損傷拡大防止、保護作用

■ヘアトリートメント技術

❶ニーディング	手掌内で包み込み、手早くもみ込む
❷フィンガースルー－①	毛束を握り、両手で交互にスルーする
❸フィンガースルー－②	人差し指と中指で毛束をはさみ、両手で交互にスルーする
❹スクランチ	毛束を軽く持ち上げ、カールを壊さないようになじませる

✂ スキャルプトリートメント

■基本的な方法

物理的方法	化学的方法
物理的刺激により頭皮等の生理機能アップ	用剤により頭皮等の生理機能保持
・ブラシ ・**スキャルプ**マッサージ ・**ヘアスチーマー**等温熱方法	・**ヘアトニック**

■代表的な種類

ドライスキャルプトリートメント	乾燥した頭皮に行う
オイリースキャルプトリートメント	脂性の頭皮に行う
ダンドラフスキャルプトリートメント	**ふけ症**の頭皮に行う

■マッサージの基本手技

軽擦法 （エフルラージュ）	手掌、母指など で軽くこする
揉捻法 （ペトリサージュ）	4指と母指でも みほぐす
振動法 （ビブラシオン）	指先や腕で振動 を与える
打法 （タポートマン）	皮膚を叩いて刺 激を与える
圧迫法 （プレシオン）	両側頭部を圧迫 して緊張をほぐす

＜打法の代表的な方法＞

1 **タッピング**
指の掌面ではじく
ように叩打

2 **ハッキング**
指を広げて手掌の
外側で交互に叩打

3 **カッピング**
手掌をカップ状にく
ぼませて甲で叩打

4 **ビーティング**
こぶしで叩打

マッサージの基本手技は、
スキャルプ、フェイシャル、
ボディの各マッサージに共
通しています。

5

美容技術理論②〈シャンプー・リンス・トリートメント〉

119

6 美容技術理論③（ヘアカッティング）

 正しい姿勢

①肘の位置＝
　カットライン

・左下がりに切る
　場合は右肘を上
　げる
・左上がりに切る
　場合は左肘を上
　げる

③膝を屈伸して目線
　の高さを調整す
　る。背筋は伸ばす

②客との距離は技術
　者の腕が軽く曲げ
　られる程度

④両足は肩幅

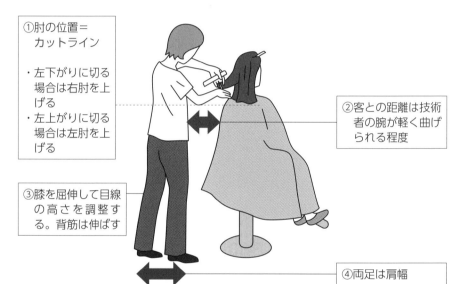

 ブロッキング

□□ ブロッキングは、頭部の基礎分割線と頭部の6つのポイント（p113■頭部
　　の基準ポイント（❶FP〜❻EP）参照）をもとに行うと良い。

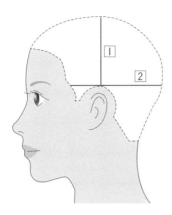

<頭部の基礎分割線>

1 側垂直線（イヤーツーイヤーライン）
　左右の耳を縦に結んだライン。頭部を前後2分割する

2 側水平線
　左右の耳上部を横に結んだ線。頭部を上下2分割する

ヘアカッティングの3段階

□□ ヘアカッティングは❶スライス→❷パネルのシェープ→❸カットの3段階で行われる。

❶スライスの種類

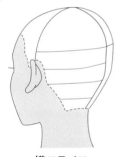

横スライス

縦スライス

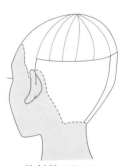

放射状スライス

斜めスライスⓐ

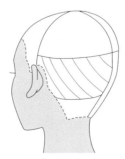

斜めスライスⓑ

試験では、斜めスライスⓑが「カットラインを前上がりにするスライスライン」として出題されています。

❷-1 パネルのシェープの角度

オンベース
頭皮に対して90°（直角）

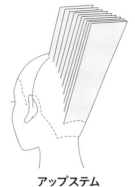

アップステム
頭皮に対して90°以上

ダウンステム
頭皮に対して90°以下

❷-2 パネルのシェープとカットラインの関係

パネルを左に集めて切ると
右に長いラインになる

カットライン

パネルを中央に集めて切る
と頭と逆の丸みのラインに
なる

パネルを右に集めて切ると
左に長いラインになる

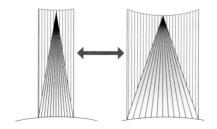

同じ長さで比べると、パネル幅の広いほう
がラインの長さの誤差が大きくなる

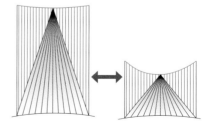

同じ幅で比べると、パネルが短いほうがラ
インの長さの誤差が大きくなる

122

❸カットの技法（ベーシック）

技法	技法の説明・特徴
ワンレングスカット	・ワンレングス（one-length）＝**同じ一つ**の長さ ・毛髪が自然に落ちる位置でパネルをシェープ ・すべてを**同じ**位置でカットする技法 ・上層にいくほど毛髪が長く、カットラインは水平になる ・カットラインには、基本の①**水平**ラインのほか②前下がりライン、③後ろ下がりラインもある
グラデーションカット	・グラデーション（gradation）＝段階 ・段差をつけるカット技法 ・**ダウン**ステムでパネルをシェープする ・上部パネルのほうが**長い**点に特徴がある ・グラデーション幅は、シェープするパネルの**角度**によって決まり、パネル角度が大きければグラデーション幅も**大きく**なる ・一番長い毛髪の頂点部分が**ボリューム**ゾーンとなる
レイヤーカット	・レイヤー（layer）＝層 ・**段カット**ともいわれる ・ウルフ（狼）カットやサーファーカットが有名 ・**アップ**ステムでパネルをシェープする ・下層のほうが上層より**長い**毛髪層を重ねるカット技法 ・**ボリューム**調節が可能 ・**立体**感のあるスタイル ・カットのバリエーションが豊富
セイムレングスカット	・セイムレングス（same-length）＝同じ長さ ・**ショートカット**によく用いられる ・**オンベース**でパネルをシェープする ・全体に同じ長さにするカット技法 ・シルエットが**頭部**の形そのものとなる

7 美容技術理論④ (カット技法)

 カット技法

□□ カット技法は、ヘアスタイルの原形を作り出すためではなく、印象を演出するためによく使われる。

□□ ブラントカットを基本に、目的と必要性に応じてカット技法を選択する。

□□ カット技法は、❶カッティングシザーズによるシザーカット、❷セニングシザーズによるセニングカット、❸レザーによるレザーカットに分けられる。

❶シザーカット(カッティングシザーズを使用)

★基本★

ブラントカット	ストローク カット	ポインティング カット	スライドカット	トリミング カット
■ブラント (blunt) ＝とがっていない ■毛先を一直線にまっすぐ切る技法	■ストローク (stroke) ＝ I 振り ■ I 回ごとにシザーズを開閉させながら動かす ■毛量調整、毛の流れ・軽さを出せる	■ポイント (point) ＝毛先 ■刃先で毛先に切り込みを入れる技法 ■毛先を軽くしたり、尖らせる	■スライド (slide) ＝すべる ■シザーズを開閉させながらすべらせるようにカットする技法 ■長さ・毛量の調整が同時にできる	■トリム (trim) ＝余分なものを切り除く ■毛先をそろえる仕上げの技法

＊このほか、毛の流れを変えずに量を少なくするスライシングカットなども存在する。

■ストロークカットの種類

●ストロークの大きさによる分類

ストロークの大きさ	パネルに対するシザーズの角度	ストロークの角度
ショートストロークカット	約20度	約40度
ミディアムストロークカット	約45度	約90度
ロングストロークカット	約90度	180度

●ストローク方向による分類

アップストロークカット	シザーズを下→上へ突き上げるようにストロークする技法
ダウンストロークカット	シザーズを上→下へ下ろすようにストロークする技法
サイドストロークカット	シザーズを水平方向へストロークする技法

❷セニングカット

□□ セニング（thinning）＝ボリュームダウンする、まばらにする。

□□ セニングシザーズで間引きするように毛量を調整する。

□□ グラデーション状に毛量を調整する→丸みが出る。

□□ レイヤー状に毛量を調整する→フラットになる。

> パネルに直角にシザーズを入れたり、分け目や頭頂部をセニングしすぎたりしないように気をつけましょう。

❸レザーカット

テーパーカット	セニングカット	ポインティングカット
■テーパー（taper） ＝先細り ■毛先をそいで先細りにする技法 ■毛先の微調整に使う	■セニング（thinning） ＝まばらにする ■毛先を間引く技法 ■毛量調整に使う	■ポイント（point） ＝毛先 ■毛先を尖らせる技法 ■毛先に変化や遊びをつける

■テーパーカットの種類

テーパーの深さによる分類	エンドテーパーカット	■**毛先**を中心にテーパーする ■先梳きともいう ■毛量の少ない人向け ■生え際などにも用いる
	ノーマルテーパーカット	■毛先から1/3ほどをテーパーする ■中梳きともいう ■もっとも一般的なテーパー技法
	ディープテーパーカット	■**根元**近くをテーパーする ■元梳きともいう ■毛量の多い人向け ■大きく動きをもたせたい場合にも用いる
テーパーする面による分類	**アウト**サイドテーパーカット	■パネルの**外側**をテーパーする ■アウトサイド（outside）＝**外側** ■毛が**外側**にはねやすくなる
	インサイドテーパーカット	■パネルの**内側**をテーパーする ■インサイド（inside）＝**内側** ■毛が**内側**に入りやすくなる
	ボスサイドテーパーカット	■パネルの**内側外側両方**をテーパーする ■ボス（both）＝**両方** ■毛に自由な動きが出る
方向による分類	レフトサイドテーパーカット	■パネルの**左側**をテーパーする ■レフトサイド（leftside）＝**左側** ■毛先が**右**へ流れる動きが出る
	ライトサイドテーパーカット	■パネルの**右側**をテーパーする ■ライトサイド（rightside）＝**右側** ■毛先が**左**へ流れる動きが出る

8 美容技術理論⑤ （パーマネントウェービング）

✂ パーマ剤・ワインディングの種類

■主流のパーマ剤の種類

| 二浴式 | ・ | コールド | タイプ |

↓　　　　　　　　↓

| 二浴式…1剤＋2剤
一浴式…1剤のみ | コールド式…室温で行う
加温(ウォーム)式…遠赤外線などで60℃以下の加温をする
発熱(ホット)式…60℃以上の加熱処理をする |

□□ 1剤の主流はチオグリコール酸であるが、代わりに毛髪修復作用のあるシステインを用いる場合、特にシステインタイプと呼ぶ（p99も参照）。

■ワインディングのバリエーション

ダウンスタイル		リーゼントスタイル	
頭頂部	頭頂部を起点に下方向にロッドを配列	顔	リーゼントのようにロッドを強く後ろへ向かわせる配列
フォワードスタイル		**リバーススタイル**	
顔	サイドから見ると斜め前の方向、顔（前＝forward）方向にロッドを配列	顔	フロントは斜め前、サイドは斜め後方、顔と反対（＝reverse）の方向にロッドを配列

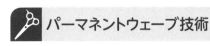 **パーマネントウェーブ技術**

時間の流れ

❶毛髪診断（ドライヘア）…毛質・毛髪状態の観察、確認
　ダメージヘアの場合、ダメージ部分や程度を確認

❶'カウンセリング…パーマ、カラー等の施術歴、アレルギー等の
　体質、現在の体調などをたずねる

❷シャンプー…毛髪の汚れを取り除き、薬剤浸透の土台をつくる

パーマネントウェーブ施術前のシャンプー

◯
　・**中性シャンプー**
　・**洗浄力の強すぎ
　　ないシャンプー**
〜
　・**酸性シャンプー**
　・**アルカリ性シャンプー**
　・**油分のあるシャンプー**

毛髪の水分吸収度の確認（薬剤選定のため）

撥水性毛（水分吸収×）　→　パーマが**かかりにくい**
吸水性毛（水分吸収◯）　→　パーマが**かかりやすい**

❸毛髪診断（ウェットヘア）…過去の**パーマ**の残存具合を確認

❹ヘアカッティング…ヘアスタイルによってはパーマ施術後に行う

❺ロッド選び…希望するスタイルに合ったロッドを選ぶ
　基本①　ウェーブの大きさ＝ロッドの**太さ**
　基本②　フルウェーブ＝ロッド**3回転分**

❻ブロッキング…希望のスタイルに合うロッドの配列を考える

❼前処理（プレ処理）…毛質・毛髪状態により薬剤等を塗布する
　かかりにくい部分（根元）・毛質　➡　先に**1剤**を塗布
　かかりすぎる部分（毛先）・毛質　➡　**トリートメント**を塗布

前処理
　しない…………………水**巻き**
　する
　　1剤…………つけ**巻き**
　　トリートメント…トリートメント**巻き**
前処理の違いによって名前がつけられています。

128

時間の流れ

❽ワインディング…ブロッキングした毛髪をスライスし、ロッドに巻く

❾l剤塗布…l剤（還元剤）を塗布する
　　基本　パーマのかかりづらい箇所から（下→上）

❿放置…l剤を浸透させるため、キャップを被せて放置する
　　基本　10分程度

⓫テストカール…数本ロッドを外してl剤の作用具合をチェックする

　＜チェックする箇所＞
　・ロッドが太い部分と細い部分
　・巻いたタイミングが早い箇所と遅い箇所　など

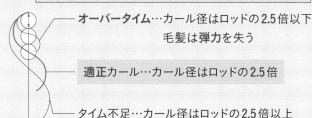

オーバータイム…カール径はロッドの**2.5倍以下**
　　　　　　　　毛髪は**弾力**を失う

適正カール…カール径はロッドの**2.5倍**

タイム不足…カール径はロッドの**2.5倍以上**

⓬**中間リンス**…l剤をぬるま湯で完全に流す
　　　　➡2剤を効果的にはたらかせるため

⓭2剤塗布…2剤の酸化作用によって、ウェーブを固定させる

⓮ロッドアウト…ロッドを外す

⓯プレーンリンス…2剤をぬるま湯で完全に流す

⓰**アフターリンス**…パーマ剤で傷んだ毛髪をリンス剤等で整える

　トリートメント　…パーマ施術でぬけた**油分**を補う

　酸性リンス剤　…パーマ施術で**アルカリ**性に傾き膨潤した
　　　　　　　　毛髪を中和し、元の健康な状態に戻す

⓱ウェーブチェック…ウェーブのかかり具合を確認する

⓲スタイリング…ウェーブを生かしたスタイルにセットする

5

美容技術理論⑤（パーマネントウェービング）

129

9 美容技術理論⑥ (ヘアカーリング・縮毛矯正)

 ## ヘアカーリング

□□ ヘアカーリングとは、ピンを使ってカールをつくること (ピンカール) をいう。

◆カール各部の名称

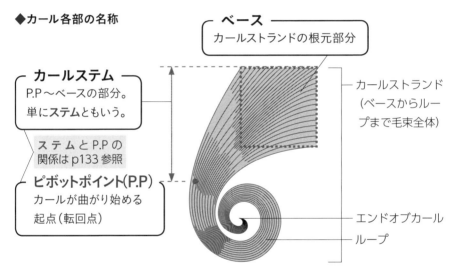

ベース
カールストランドの根元部分

カールステム
P.P～ベースの部分。
単に**ステム**ともいう。

ステム と P.P の
関係は p133 参照

ピボットポイント(P.P)
カールが曲がり始める
起点 (転回点)

カールストランド
(ベースからルー
プまで毛束全体)

エンドオブカール
ループ

 ## カールの分類

❶ベースの有無

あり	なし
ベースの周囲を一定の大きさにスライスする →**ストランドカール** 　例**メイポールカール**、**リフトカール**	ベースの底辺だけをスライスして巻く →**シェーピングカール** 　例**スカルプチュアカール**

❷カールの角度

あり	なし
ループが頭皮に対して立ち上がっている	ループが頭皮に対して平ら（角度0°）
→**スタンドアップ**カール	→**フラット**カール
例**リフト**カール	例**メイポール**カール

❸カールの形状

根元	中間	毛先
根元から巻く	中間に強いカールが出る	毛先に強いカールが出る
根元に強いカールが出る	裏表が明確なカール	毛先はループ内で巻く
→**根元巻き方式**	→**中巻き方式**	→**毛先巻き方式**
例**メイポール**カール	例**スカルプチュア**カール	例**クロッキノール**カール

❹カールの方向

耳介を基準にした場合	耳介に沿って上→下に巻いたもの・内巻き	❶**フォワード**カール
	耳介と逆方向に下→上に巻いたもの・外巻き	❹**リバース**カール
時計を基準にした場合	時計が進む方向に巻かれたもの	❸❺**クロックワイズワインド**カール
	時計の進行方向と反対に巻かれたもの	❷❻**カウンター・クロックワイズワインド**カール

❶**フォワード**カール		❹**リバース**カール	
右 ↙	左 ↘	右 ↙	左 ↘
❷**カウンター・クロックワイズワインド**カール	❸**クロックワイズワインド**カール	❺**クロックワイズワインド**カール	❻**カウンター・クロックワイズワインド**カール
❷	❸	❺	❻

5

美容技術理論⑥（ヘアカーリング・縮毛矯正）

ベース

□□ ベースのあるカールをストランドカールと呼ぶが（p130参照）、そのベースには以下の種類がある。

スクエアベース	オブロングベース	パラレログラムベース	トライアンギュラーベース	アークベース
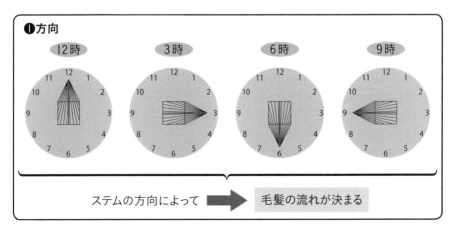				
正方形のベース。平均的なカール・ウェーブに適している	長方形のベース。ステムが長めで方向を決めやすいのが長所	平行四辺形のベース。ステムをオーバーラップさせやすく、仕上がりが割れづらい	三角形のベース。コームアウトの際に割れ目ができないのが特徴。額の生え際などに用いられる	弧状のベース。コームアウトで放射状の広がりを表現する場合に使われる

 ステムの方向と角度

●方向

12時	3時	6時	9時

ステムの方向によって ➡ 毛髪の流れが決まる

132

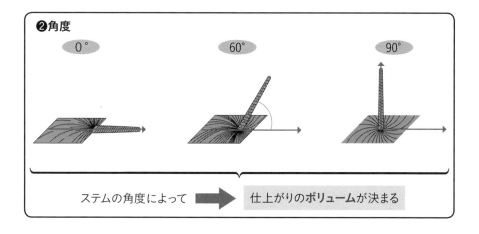

□□ ピボットポイント（P.P）はステムの**❶方向**と**❷角度**を一つに結びつけたところに存在する。

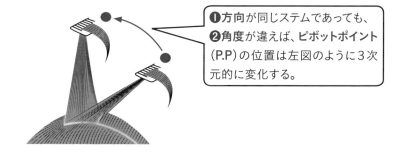

> **❶方向**が同じステムであっても、**❷角度**が違えば、**ピボットポイント**（**P.P**）の位置は左図のように3次元的に変化する。

✂ テンション

□□ テンションとは、直訳すると「**緊張力**」といい、カットやヘアカーリングの際に毛髪を引っ張る**力の入れ具合**のことを指す。

□□ ヘアカーリングの際テンションを加えることで、スタイルが**長持ち**する。

5

美容技術理論⑥（ヘアカーリング・縮毛矯正）

133

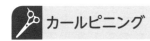 **カールピニング**

□□ カールピニングとは、カールの巻き納める箇所に**ピン**や**クリップ**を打って
カールを**とめる**ことをいう。

<ピンカール別のカールピニング方法>

スカルプチュア カール	メイポール カール	リフトカール	クロッキノールカール	
			両面打ち	片面打ち
オープンエンド側からの**片面**打ちが基本。利き手によって**クローズエンド**側から打っても可	**アメピン**と**オニ**ピンが交差した**クロスピニング**	立ち上がったステムをつぶさず、ループを**スライス**線から**下**にずらさないように片面打ちする	毛量が**多い**場合はループの**下**側を**オープンエ**ンド側から**両面**打ちする	毛量が**少ない**場合は**スカルプチュアカール**同様、**オープンエ**ンド側から**片面**打ちする

ヘアウェービング

フィンガーウェーブ	**ローション**をなじませた髪に**コーム**と**手指**でつくるウェーブ
カールウェーブ	**ピンカール**を使ってつくるウェーブ
スキップウェーブ	**フィンガーウェーブ**と**スカルプチュアカール**とが交互に配置されているウェーブ
ローラーウェーブ	**ローラー**を使ってつくるウェーブ

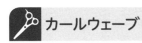 **カールウェーブ**

□□ カールウェーブでは、ウェーブをつくるループの大きさがポイントである。

公式

$$\text{ループの直径} = \text{ウェーブ幅} \times \frac{2}{3}$$

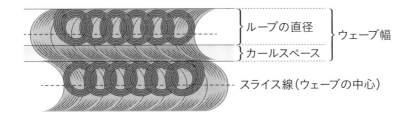

ループの直径
カールスペース
ウェーブ幅
スライス線(ウェーブの中心)

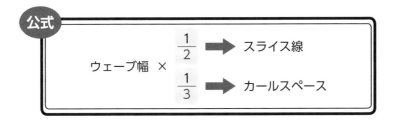

公式

$$\text{ウェーブ幅} \times \frac{1}{2} \rightarrow \text{スライス線}$$

$$\frac{1}{3} \rightarrow \text{カールスペース}$$

 縮毛矯正

目的	高温整髪用アイロンによってくせ毛をまっすぐにする施術
注意点	❶1剤によって毛髪を軟化させるが、軟化しづらい**ネープ**から塗布する ❷頭皮に1剤がつかないよう、**根元**を避けて塗布する ❸施術の際に、**パネル**などに毛髪を貼りつけることは避ける ❹必要以上に強く**コーミング**しない

10 美容技術理論⑦ (ヘアカラーリング)

 ヘアカラーリングの基本

■ヘアカラーの種類

化粧品	一時染毛料	毛髪着色料	・カラースティック ・カラーマスカラ
	半永久染毛料	酸性染毛料	・ヘアマニキュア ・カラーリンス
医薬部外品	永久染毛剤	酸化染毛剤	・ヘアカラー ・おしゃれ染め
	脱色剤		・ヘアブリーチ ・ヘアライトナー

■色の基本

□□ 色の基本は、❶色相、❷明度、❸彩度の3属性からなる。

❶色相

有彩色	色味をもつ色	赤●、青、黄、緑　など	← 色相あり
無彩色	色味をもたない色	白○、灰色●、黒●	← 色相なし

□□ 色相（色味）の基本は三原色（プライマリーカラー）＝赤・黄・青である。

> 同量で混ぜると、色味のない暗いグレーになる

□□ 色味における補色関係とは、カラーサークルにおける対極の色同士をいう。

> ヘアカラーの場合、同量で混ぜると、色味を打ち消しニュートラルな茶色になる

❷明度

□□ 明度とは、色の明るさをいう。

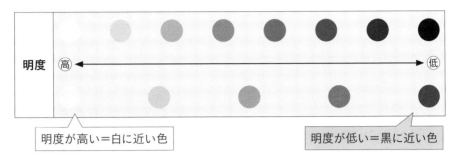

明度が高い=白に近い色　　　明度が低い=黒に近い色

❸彩度

□□ 彩度とは、色の鮮やかさをいう。

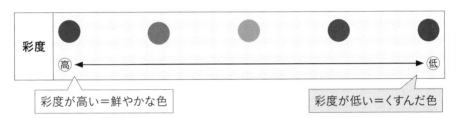

彩度が高い=鮮やかな色　　　彩度が低い=くすんだ色

■トーンとアンダートーン

□□ トーンとは、毛髪のレベル（＝明るさ）のことである。

□□ トーンは、メラニン色素の含有量（がんゆう）によって決まる。

> ・黄褐色系と赤褐色系の2種類
> ・含有量が多ければ多いほどトーンは低く（暗く）なる

□□ 日本人のトーンの標準レベルは3〜5（4前後）。

□□ アンダートーンとは、毛髪の下地の色味をいう。

髪を脱色すると、メラニン色素が分解されてアンダートーンが変化（トーンアップ）します。トーンアップすると色がのりやすくなります。アルカリカラーといわれるアルカリ性の酸化染毛剤の場合、脱色と染色を同時に行うので、脱色後のトーンアップを見越した色選びが必要となります。

美容技術理論⑦（ヘアカラーリング）

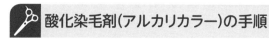 **酸化染毛剤(アルカリカラー)の手順**

時間の流れ

❶パッチテスト…染毛の48時間前に行う

➡肌の柔らかい部分で染毛のたびに行う

❷毛髪診断…主に以下の3つを確認する

1 毛髪の明るさ(明度)

2 白髪の割合

3 毛髪の状態…毛質、カラーの割合、頭皮の状態など

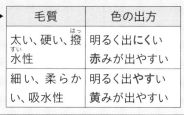

毛質	色の出方
太い、硬い、撥水性(はっすい)	明るく出にくい 赤みが出やすい
細い、柔らかい、吸水性	明るく出やすい 黄みが出やすい

❸色の選定…毛髪診断を踏まえて染毛剤の色を選定する

明るく出やすい毛髪 ➡	希望色より明度の低い染毛剤
明るく出にくい毛髪 ➡	希望色より明度の高い染毛剤

❹プロテクト…肌を汚れから守るために保護クリームを塗布する

❺ブロッキング…セミロング以上の長さがある場合はブロッキングする

全体的に明るくする場合 ➡	細かく8つにブロッキングする
全体的に暗くする場合 ➡	大きく4つにブロッキングする

❻染毛剤の調合…1剤と2剤を指定の割合で混ぜ合わせる

毛髪の状態	2剤の濃度
染まりにくい毛髪(硬毛、白髪等)	濃くする(6%)
染まりやすい毛髪(軟毛、カラー済み等)	薄くする(3%)

❼**塗布**…染まりやすい部分(●)と染まりにくい部分(●)に注意
して順に塗布する

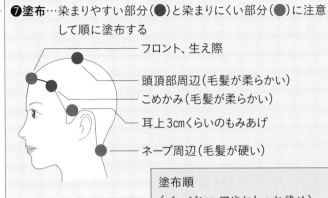

── フロント、生え際

── 頭頂部周辺(毛髪が柔らかい)

── こめかみ(毛髪が柔らかい)

── 耳上3㎝くらいのもみあげ

── ネープ周辺(毛髪が硬い)

<バージンヘアの場合>
● …根元
● …毛先

塗布順 (バージンヘアやおしゃれ染め)
(1)**中間部**と**毛先**を塗布する
(2)**根元**(ネープから)を塗布する

❽**放置時間**…規定の放置時間をとる

ヘアカラー	20〜40分間
ヘアブリーチ	5〜20分間(5分毎テスト)

❾カラーチェック…放置時間後、発色の状態を確認する

❿乳化…乳化作用により肌についた染毛剤を除去する

⓫シャンプー、コンディショナー、トリートメント

Point

■酸性染毛料(ヘアマニキュア)の場合
・染毛料が**乾く**と色が入りづらくなるの
で、特に放置時間中の**乾燥**には注意
する
・放置は加温ないし常温で行う

Point

■脱色(ヘアブリーチ)の場合
・ブロッキングを**細かく**する
・塗布は**スピーディー**に
・塗布作業にかかる時間差は**塗布量**で
調整する(最初少→多)

11 美容技術理論⑧ （フェイシャルケア）

 ## フェイシャルケアの手順

時間の流れ ……

❶クレンジング…クレンジングクリームなどを顔面に塗り、皮膚の汚れ、汗、皮脂等を浮かせたらスポンジなどでとりのぞく

❷ディープクレンジング…❶クレンジングでは落としきれない老化角質、過剰皮脂などをとりのぞく

❸フェイシャルマッサージ…マッサージオイル等と手技との相乗効果で血液・リンパの流れを良くして老廃物の除去、栄養補給、新陳代謝の促進をする

マッサージオイル等の選び方
基本　肌質に合わせて選ぶ
例脂性肌……油分の少ないもの・適度な量
乾性肌……油分・水分の補給ができるもの

手技を行う場合のポイント
①技術者は肩や指先の余計な力を抜く
②部位に手掌や指先を密着させて行うようにする
③テンポはなるべくゆっくりと
④連続した滑らかな動きが好ましい
⑤強く押さない。手の自然な重み、**体重移動**を使う
⑥マッサージの方向・部位は、血液・**リンパ**の流れ、筋肉の方向を考慮して決める

時間の流れ

❹フェイシャルパック…有効成分を浸透させ、代謝を高める

ピールオフタイプ	相違点	ウォッシュオフタイプ
■10〜20分間 ■**赤外線照射**で**乾燥**を助長し、時間短縮することが多い	放置方法	■時間は素材による ■自然放置か**赤外線**照射、スチーマー噴射、ODT法を選択
■むいてはがす ■はがす際に老化物質も除去される ■肌に負担なので**連続**使用は避ける	除去方法	■スポンジ等でパック剤を柔らかくし丁寧にふき取る ■ふき取ることで皮膚を清浄にする

❺整肌…肌質に合わせた化粧水で、肌を整える
例 **脂性肌**……収れん化粧水でパッティングする

❻保湿…肌質に合わせ、乳液やクリーム、美容液を塗布する

■肌質

普通肌	乾燥肌	脂性肌	混合肌
健康的な血色、きめが整っている	水分・皮脂が少ない、きめが**細かい**	皮脂が多い、毛穴が開いている	部分的に毛穴が**大**きい箇所がある

手技を行う場合の基本手技については、p119のマッサージの基本手技を参照してください。

5

美容技術理論⑧（フェイシャルケア）

12 美容技術理論⑨ （ネイル技術）

 ネイル技術

□□ ネイル技術は、❶ネイルケア、❷アーティフィシャルネイル（人工爪）、❸ネイルアートに分けられる。

❶ネイルケア

□□ 爪および爪の周囲の皮膚を美しく健康的に保つ技術をネイルケアという。

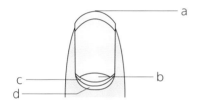

<爪各部の名称>

a	爪先（フリーエッジ）
b	爪半月（ハーフムーン、ルヌーラ）
c	爪小皮（キューティクル）
d	爪上皮（エポニキアム）

<爪のカットの形>

スクエア	ラウンド	オーバル	ポイント
爪先もサイドもストレート。全体の形がスクエア（四角）	爪先が丸く（ラウンド）、サイドがストレート	爪先もサイドも丸く、全体の形がオーバル（卵形）	爪先が最も尖った形

マニキュアの手順

①手指消毒

②エナメル除去
残っている古いエナメルを、**エナメルリムーバー**を含ませたコットンでふきとる

③カウンセリング ●●●▶

④ファイリング
エメリーボードで爪の形・長さを整える

 エメリーボードはサイド→センターへ一方向にのみかける（×往復）

⑤キューティクル処理
■ **キューティクルリムーバー**を塗布
■ **キューティクルプッシャー**で爪小皮を押し上げる
■ ささくれなどを**キューティクルニッパー**でとる

⑥マッサージ

⑦バッフィング
バッファーで爪表面を磨き、凹凸のないなめらかな爪にする

⑧カラーリング
油分処理…爪表面の油分を取り除く
↓
ベースコート塗布
↓
カラーエナメル塗布
…**爪中央→爪両サイド**の順に2回塗る
↓
トップコート塗布…エナメルを保護し、つやを出す

> はみだしたらエナメルリムーバーをしみこませた**ウッドスティック**でふきとる

⑨保湿

❷アーティフィシャルネイル（人工爪）

チップ	チップオーバーレイ	ナチュラルネイルオーバーレイ	スカルプチュア
両面テープなどで装着するいわゆる「つけ爪」。短期間楽しむもので自分で付け外しも可能。アートが施された**アートチップ**もある	**オーバーレイ**（overlay）＝何かの表面を覆うこと。まず**チップ**を装着して爪に長さを出してからアクリル・ジェルなどで爪を**補強**する方法	チップはつけず自爪の上に**オーバーレイ**する（アクリル・ジェルなどで**補強**する）方法。チップはつけないので、長さが自分の爪の長さに限られる	ハードジェルにアクリルを混ぜるなどして爪を**長く**する方法。チップと違って好みの長さにできる。爪先が白く爪甲がピンクなどの**フレンチスカルプチュア**が代表

❸ネイルアート
□□ ラインストーンやアクリルなどを使って爪に装飾を施すことをいう。

13 美容技術理論⑩（メイクアップ）

 ## ベースメイクアップ（ファンデーション）

ファンデーションタイプ	形状	特徴
リキッド	乳液状	自然な皮膚感になる。油分少、カバー力✕
プレストパウダー	固形	手軽。油分少、カバー力✕、耐久力✕
ケーキ	固形	汗に強い。カバー力◎、耐久力◎
クリーム	クリーム状	しっかりした皮膚感。油分多、カバー力○
スティック	固形	重ね塗りで厚み○。カバー力◎

Ｔゾーン・鼻まわりは皮脂・汗の分泌が盛んなので薄めに

頬は皮膚の動きが少ないので厚めに

目や口のまわりは皮膚の動きが盛んなので薄めに

首にはフェイスラインのファンデーションをぼかし入れる

➡ 基本 頬は厚く、その他は薄く塗って立体的に

■スポンジの使い方

塗り方	使い方の名称	スポンジの動かし方
厚く塗る	プッシュ	軽く押さえるように塗る
薄く塗る	ストローク	薄くのばすように滑らせる
仕上げ	パッティング	軽いタッチで上からはたく

■ファンデーションの塗り方・応用

ハイライト	ローライト	カバーホワイト
骨格の高い部分	骨格のくぼんだ部分	くま・くすみ部分
2段階明るい色	2段階暗い色	1〜2段階明るい色
明るい色の膨張効果で高さを強調し、凸部分をつくる	暗い色の収縮効果で凹みを強調し、凹部分をつくる	陰やくま・くすみを消す。しみ・そばかすにも活用できる

□□ 最後に、ファンデーションの崩れ防止および透明感を出すために、パフでパウダリングを行う。

✂ アイメイクアップ

❶	アイシャドー	目元に色を乗せる	陰や凹みをつけて立体感を出す
❷	マスカラ	まつげに塗る	ボリュームを与え、目に表情を出す
❸	アイライン	目の縁に線を入れる	目の形を強調する

✂ アイブロウメイクアップ

■眉の描き方（ドローイング）

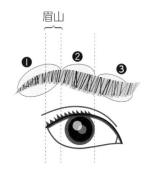

眉山

> 基本 １本１本アイブロウペンシルで描く
> ➡ 芯のかたいものが良い！
>
> ❶眉山 ➡ 眉尻
> ➡ 黒目の外側の延長線と
> 　目尻の延長線との間
>
> ❷眉中 ➡ 眉山
> ❸眉頭 ➡ 眉中　の順に描く

■眉の種類

アーチ型	コーナー型	ストレート型
■曲線的でソフト ■丸みのあるデザイン	■立体的でシャープ ■角のあるデザイン	■直線的でシャープ ■切れ長のデザイン

✂ リップメイクアップ

■唇の描き方

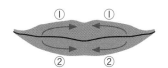

> 基本
> ①上唇（口角→中央）⎫
> ②下唇（口角→中央）⎭ の順に描く

Point

1 上唇の山部分の厚み＝下唇の**中央**部分の厚み

2 端の厚みは、上唇の**口角**＝下唇の**口角**

3 上唇と下唇は口角で**つなげる**

✄ まつ毛エクステンション

時間の流れ

1 来店前の**カウンセリング**（確認）…アイメイクは落とすこと、コンタクトは外してくることなどを勧める

2 施術前のカウンセリング…**体質・体調**に関するカウンセリング
　　　→施術の**リスク**について伝える

3 **施術**…エクステンションを装着する

エクステンションの装着時期
◯ まつげの成長期の終わり～退行期が始まる頃
✕ まつげの成長初期

4 **施術後のカウンセリング・アフターケア**
　　　…アレルギー（即時型・**遅延型**）についての説明など

5 **リペア**…施術後2～3週間でお直しが必要になる

✄ 美容デザイン

□□ 幾何学的錯視とは、線を様々な形に配置して、実際のものと主観的に知覚されるものとに意図的な食い違い（錯視）を生じさせる現象をいう。

□□ 幾何学的錯視は❶距離・大きさ、❷角度・方向の2種類に分けられる。

14 美容技術理論⑪（日本髪）

 日本髪の基本

□□ 現代の日本髪の最初の型は、兵庫髷とされている。

□□ 日本髪の基本は、❶前髪、❷❸左右の鬢、❹髱、❺髷からの5つからなる。

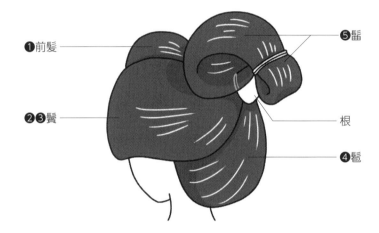

❶前髪

❷❸鬢

❺髷

根

❹髱

①

②

③

＜調和のとれた日本髪のつくりかた＞

①	前髪の張り出しは鼻の高さにそろえる
②	鬢の下端は鼻翼と同じ高さにする
③	髱の下端は顎と同じ位置かやや上にする

■日本髪の種類

こども	少女	未婚女性	既婚女性
稚児髷 (ちご)	桃割れ	高島田	丸髷
■江戸時代に登場 ■明治時代に童女の髪型に	■明治時代に少女の髪型に	■島田髷の1つ ■高く結った髷が特徴 ■文金高島田は婚礼時の髪型 ■髷中央を低く結うとつぶし島田	■明治時代に既婚用に ■若い時は大きな髷、年齢とともに小さな髷に

✂ 装飾品と結髪道具（けっぱつ）

<主な装飾品>
1 平打ち
2 3 笄（中挿し）（こうがい）
4 手絡（かけもの）（てがら）
5 飾櫛（かざりぐし）
6 根がけ

試験によく出る×ワードが「筥迫」（はこせこ）と「末広」（ばっ）。筥迫は今でいう化粧ポーチ、末広は扇子で和装小物の一つなので要注意！

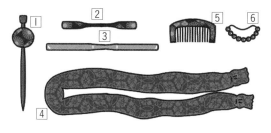

<髱類などの結髪道具>（かもじ）
1 根髱…髷にボリューム出す髱の1つ（ねかもじ）
2 紺紙…髷や鬢などの崩れ防止に使う（こんし）
3 元結…髪を束ねる、こより状の和紙（もとゆい）

15 美容技術理論⑫（和装）

✂ 着物・帯・小物

■着物

女性の主な準礼装		おしゃれ着
訪問着	付け下げ	小紋
■絵羽模様（襟や袖の縫目も絵柄がつながっている模様）が特徴 ■柄が華やかで豪華	■訪問着より格下の準礼装 ■肩山・袖山を頂点にすべての模様が上向きなのが特徴 ■柄は控えめ	■全体に小さな細かい模様があるのが特徴 ■付け下げは模様が上向きだが小紋は上下関係ない
おしゃれ着	その他	
紬	袴	浴衣
■真綿に手で縒りをかけて紡いだ紬糸で織られた絹織物	■明治時代の女学生の制服	■長襦袢なしで、肌襦袢の上に直接着用するもの

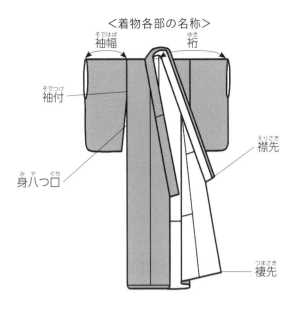

＜着物各部の名称＞

袖幅（そではば）　桁（ゆき）

袖付（そでつけ）

身八つ口（みやぐち）

襟先（えりさき）

褄先（つまさき）

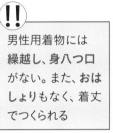

!!
男性用着物には繰越し、身八つ口がない。また、おはしょりもなく、着丈でつくられる

■小物

❶帯締め	帯の形が崩れないように、帯の中央を締めるひも
❷帯留め	帯締めにつける装飾品。ベルトでいうバックルにあたる
❸帯枕	背中側の帯の形をふっくら整えるためのもの
❹帯揚げ	帯の上辺を飾る布。帯枕を隠すように帯枕の上にかけて使う
❺しごき（帯）	飾り帯。「志古貴」と書く。七五三の女児や花嫁などの礼装に使う
❻末広	扇子。その形が「末広がり」なことに由来し、慶事に使う
❼筥迫（はこせこ）	今でいう化粧ポーチ。花嫁衣装のときは必ず着用する

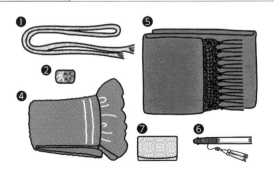

■帯

袋帯	半幅帯	角帯	腹合わせ帯
■表裏異なる2枚の生地を袋状に縫って仕立てた帯	■細帯の1つ ■帯幅は通常の半分の15cmほど	■男性用帯 ■帯幅9～10cm ■丈4m前後	■表裏異なる生地で仕立てた帯 ■リバーシブル帯

袋帯と腹合わせ帯は、どちらも表裏異なる2枚の布を合わせている帯ですが、最大の違いは帯の丈。帯は幅と丈によって格が決まっており、幅が広く、丈が長いほうが格上とされています。
この点において、袋帯は最高格とされており、幅は約31cm、丈は4.5m前後です。
一方、腹合わせ帯は幅約30cm、丈は3.5～4m前後です。
また、袋帯の裏地は無地ですが、腹合わせ帯の裏地は無地とは限らず、リバーシブルに使うことができる利点があるのが特徴です。

✂ 留袖着付け

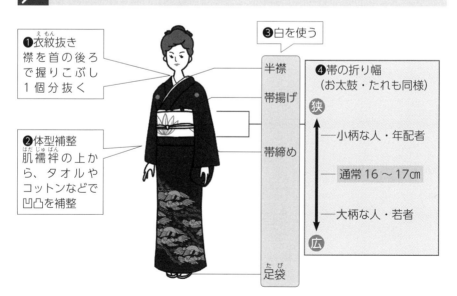

❶衣紋抜き
襟を首の後ろで握りこぶし1個分抜く

❷体型補整
肌襦袢の上から、タオルやコットンなどで凹凸を補整

半襟
帯揚げ
帯締め
足袋

❸白を使う

❹帯の折り幅
（お太鼓・たれも同様）

狭

——小柄な人・年配者

—— 通常16～17cm

——大柄な人・若者

広

筆記試験・よく出る問題編

1 法制度①

問1
美容師法は国会の議決、美容師法施行規則は内閣、美容師法施行令は厚生労働大臣によって、それぞれ制定される。

問2
美容師法に関する条例は、都道府県知事によって制定される。

問3
美容師法の目的は、美容師の資格を定めるとともに、美容業務が適正に行われるよう規律することで美容師業の振興を図ることにある。

問4
美容師でなければ美容を業とすることができず、会社が福利厚生施設として美容所を無料で設ける場合でも美容師のみが行う。

問5
無免許で美容の業を行った者は、10万円以下の罰金を受ける可能性がある。

問6
美容師試験は、厚生労働大臣が指定した美容師養成施設を卒業した者でなければ受けることができない。

問7
筆記試験又は実技試験のいずれかに合格した者は、次回の試験に限り、申請しなくてもその合格した試験が免除される。

問8
美容師試験に合格しても免許が与えられない場合があるが、伝染病にかかっていることは免許を与えない事由に含まれない。

問9
美容師試験の実施は、保健所が行う。

問10
日本国内で美容師免許を取得していなくても、外国の美容師免許を取得していれば日本において美容の業を行うことができる。

答1 ✕

美容師法施行規則は<u>厚生労働大臣</u>、美容師法施行令は<u>内閣</u>によって、制定される。美容師法については正しい。

答2 ✕

美容師法に関する条例（美容師法施行条例など）は<u>地方公共団体の議会の議決</u>を経て制定される。

答3 ✕

「美容師業の振興を図る」ではなく「<u>公衆衛生の向上に資する</u>」である。地域の公衆衛生の向上に寄与するのは美容師の役割の一つである。

答4 ◯

美容師法6条に「<u>美容師</u>でなければ美容を業としては<u>ならない</u>」と規定されている。

答5 ✕

「10万円」ではなく「<u>30万円</u>」である。無免許には、美容師試験合格後、<u>登録</u>を待たずして業を開始した場合も含まれる。

答6 ✕

「厚生労働大臣」ではなく「<u>都道府県知事</u>」である。

答7 ✕

試験の免除を受けるためには<u>申請</u>が<u>必要</u>である。

答8 ◯

免許の欠格条件に、<u>伝染性</u>の疾病にかかっていることは<u>含まれていない</u>。

答9 ✕

美容師試験は、<u>厚生労働大臣</u>が指定した<u>試験機関</u>が、実施に関する事務を行う。

答10 ✕

<u>日本国内</u>で美容師の免許を取得した者が美容を業とすることができ、外国の美容師免許はこれに含まれ<u>ない</u>。

155

2 法制度②

問1

美容師免許の申請には、精神の機能の障害に関する医師の診断書を添付しなければならない。

問2

美容師の免許は、美容師試験に合格した者の申請により、指定登録機関が備える美容師名簿に登録された時点からその効力を生じる。

問3

美容師が住所又は氏名を変更した場合は、60日以内に美容師名簿の訂正を申請しなければならない。

問4

美容師が本籍地を変更した場合は、厚生労働大臣に美容師免許証の書換え交付を申請することができる。

問5

美容師免許証を紛失した場合は、厚生労働大臣に免許証の再交付を申請することができる。

問6

美容師が免許取消処分を受けた場合は、速やかに、厚生労働大臣に免許証を返納しなければならない。

問7

美容師が業務停止処分を受けた場合は、速やかに、厚生労働大臣に免許証を提出しなければならない。

問8

美容師が死亡したときは、戸籍法による届出義務者が、60日以内に、名簿の登録の消除を申請しなければならない。

問9

美容所を開設する者は、営業開始前及び構造設備の検査確認前に、開設の届出を提出しなければならない。

問10

美容所の開設届には、美容師や従業者の労働時間を記載しなければならない。

答1
○

これは、美容師の欠格条項である「心身の障害により業務を適正に行うことができない」に当たらないことを証明するものである。

答2
○

なお、公益財団法人 理容師美容師試験研修センターが厚生労働大臣の指定を受けた登録機関である。

答3
×

住所は美容師名簿の登録事項に含まれないから、変更があっても訂正は不要である。また、訂正は30日以内に申請しなければならない。

答4
○

本籍地及び氏名は免許証の記載事項であるから、変更の場合は厚生労働大臣（ないし指定登録機関）に書換え交付を申請することができる。

答5
○

美容師免許証を破り、汚し、又は紛失した場合は、厚生労働大臣（ないし指定登録機関）に免許証の再交付を申請することができる。

答6
○

美容師が免許取消処分を受けた場合は、速やかに、厚生労働大臣（ないし指定登録機関）に免許証を返納しなければならない。

答7
×

業務停止処分を受けた場合は、速やかに、処分を行った都道府県知事等に免許証を提出しなければならない。

答8
×

申請期間は30日以内である。なお、申請の際に、厚生労働大臣（ないし指定登録機関）に免許証を返納する。

答9
○

美容所の開設者は、営業開始前及び構造設備の検査確認前に都道府県知事等に対して開設届を提出しなければならない。

答10
×

美容師や従業者の氏名は届け出るが、労働時間は開設届の届出事項に該当しない。

3 法制度③

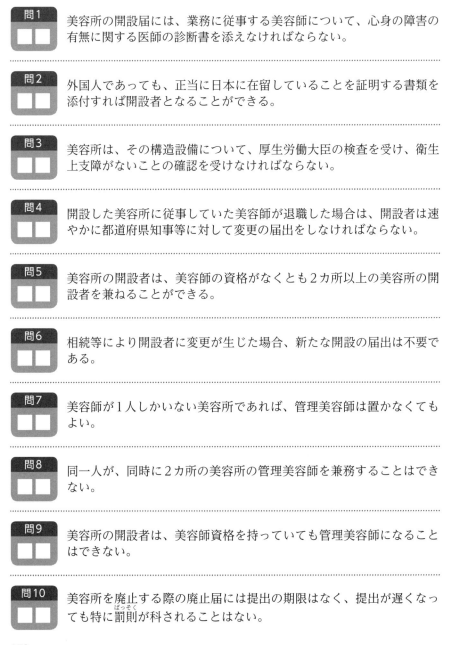

問1
美容所の開設届には、業務に従事する美容師について、心身の障害の有無に関する医師の診断書を添えなければならない。

問2
外国人であっても、正当に日本に在留していることを証明する書類を添付すれば開設者となることができる。

問3
美容所は、その構造設備について、厚生労働大臣の検査を受け、衛生上支障がないことの確認を受けなければならない。

問4
開設した美容所に従事していた美容師が退職した場合は、開設者は速やかに都道府県知事等に対して変更の届出をしなければならない。

問5
美容所の開設者は、美容師の資格がなくとも2カ所以上の美容所の開設者を兼ねることができる。

問6
相続等により開設者に変更が生じた場合、新たな開設の届出は不要である。

問7
美容師が1人しかいない美容所であれば、管理美容師は置かなくてもよい。

問8
同一人が、同時に2カ所の美容所の管理美容師を兼務することはできない。

問9
美容所の開設者は、美容師資格を持っていても管理美容師になることはできない。

問10
美容所を廃止する際の廃止届には提出の期限はなく、提出が遅くなっても特に罰則が科されることはない。

答1 ✕ 「心身の障害」ではなく「指定された伝染性疾病」である。開設届に記載した美容師の指定伝染性疾病の有無を証明するためである。

答2 ◯ 開設者が外国人である場合には、正当に日本に在留していることを証明する書類（住民票の写し）を添付しなければならない。

答3 ✕ 検査と確認を行うのは「都道府県知事等」である。なお、美容所の検査確認は営業開始前に受けなければならない。

答4 ◯ 開設届の記載事項に変更を生じた場合は、開設者は速やかに都道府県知事等に対して変更の届出をしなければならない。

答5 ◯ 美容所の開設者は、美容師の資格がなくともよい。また、2カ所以上の美容所の開設者を兼ねることも差し支えない。

答6 ◯ なお、美容所に関する新たな検査確認も不要である。

答7 ◯ 管理美容師は、美容師である従業者の数が常時2人以上いる美容所に置く義務があるから、美容師が1人だけの場合は置かなくてもよい。

答8 ◯ 美容所ごとに設置する必要があるため、同一人が2カ所以上の管理美容師を兼務できない。

答9 ✕ 管理美容師の資格を有する開設者は、自ら主として管理している美容所の管理美容師となることができる。

答10 ✕ 美容所の廃止の際は速やかに届け出る。怠った場合は30万円以下の罰金が科される。

4 法制度④

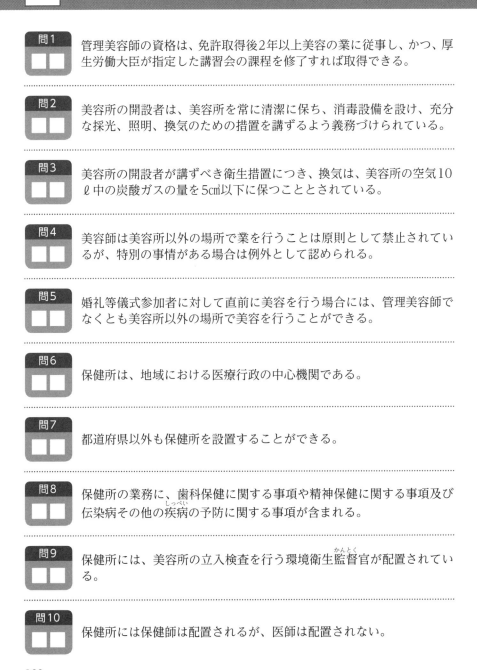

問1 管理美容師の資格は、免許取得後2年以上美容の業に従事し、かつ、厚生労働大臣が指定した講習会の課程を修了すれば取得できる。

問2 美容所の開設者は、美容所を常に清潔に保ち、消毒設備を設け、充分な採光、照明、換気のための措置を講ずるよう義務づけられている。

問3 美容所の開設者が講ずべき衛生措置につき、換気は、美容所の空気10ℓ中の炭酸ガスの量を5㎤以下に保つこととされている。

問4 美容師は美容所以外の場所で業を行うことは原則として禁止されているが、特別の事情がある場合は例外として認められる。

問5 婚礼等儀式参加者に対して直前に美容を行う場合には、管理美容師でなくとも美容所以外の場所で美容を行うことができる。

問6 保健所は、地域における医療行政の中心機関である。

問7 都道府県以外も保健所を設置することができる。

問8 保健所の業務に、歯科保健に関する事項や精神保健に関する事項及び伝染病その他の疾病（しっぺい）の予防に関する事項が含まれる。

問9 保健所には、美容所の立入検査を行う環境衛生監督官（かんとく）が配置されている。

問10 保健所には保健師は配置されるが、医師は配置されない。

答1 ✕
免許取得後に必要な実務経験の期間は3年以上である。また、講習会は、都道府県知事が指定したものである。

答2 ○
美容所の開設者には問題文のような衛生措置義務が課せられている。

答3 ✕
「10ℓ」ではなく「1ℓ」である。なお、採光、照明については、直接作業を行う場合の作業面の照度が100ルクス以上と定められている。

答4 ○
法で定められた衛生措置を講じにくいことから、美容師法に定める特別な事情がある場合を除き、原則として出張美容は禁止されている。

答5 ○
婚礼等儀式参加者に対して直前に美容を行う場合は、法が例外的に出張美容を認めている。出張美容は全ての美容師が行うことができる。

答6 ✕
「医療行政」ではなく「衛生行政」である。保健所は、地域における疾病の予防や生活衛生など、公衆衛生活動の中心となる機関である。

答7 ○
保健所を設置することができる都道府県以外の行政主体として、指定都市、中核市、政令で定める市又は特別区がある。

答8 ○
保健所の業務は多岐にわたり、問題文の事項のほかにも、美容師法に関わる事項を含む環境衛生に関する事項などが含まれる。

答9 ✕
保健所に美容所の立入検査を行うために配置されているのは「環境衛生監視員」である。

答10 ✕
保健所には保健師のほかに、医師や薬剤師、獣医師などが配置されている。

5 法制度⑤

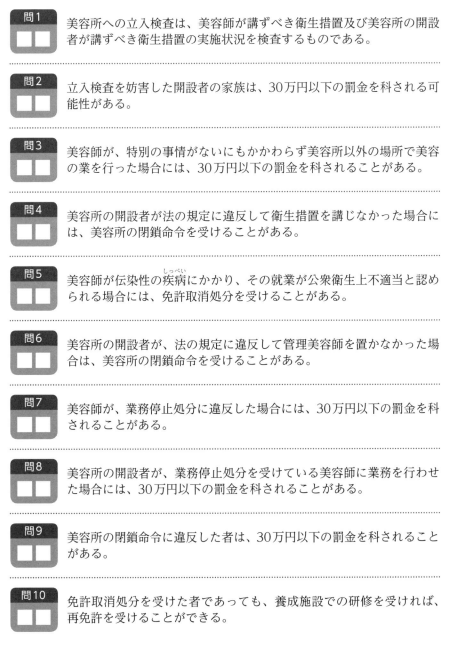

問1
美容所への立入検査は、美容師が講ずべき衛生措置及び美容所の開設者が講ずべき衛生措置の実施状況を検査するものである。

問2
立入検査を妨害した開設者の家族は、30万円以下の罰金を科される可能性がある。

問3
美容師が、特別の事情がないにもかかわらず美容所以外の場所で美容の業を行った場合には、30万円以下の罰金を科されることがある。

問4
美容所の開設者が法の規定に違反して衛生措置を講じなかった場合には、美容所の閉鎖命令を受けることがある。

問5
美容師が伝染性の疾病にかかり、その就業が公衆衛生上不適当と認められる場合には、免許取消処分を受けることがある。

問6
美容所の開設者が、法の規定に違反して管理美容師を置かなかった場合は、美容所の閉鎖命令を受けることがある。

問7
美容師が、業務停止処分に違反した場合には、30万円以下の罰金を科されることがある。

問8
美容所の開設者が、業務停止処分を受けている美容師に業務を行わせた場合には、30万円以下の罰金を科されることがある。

問9
美容所の閉鎖命令に違反した者は、30万円以下の罰金を科されることがある。

問10
免許取消処分を受けた者であっても、養成施設での研修を受ければ、再免許を受けることができる。

答1 ○
立入検査を行う環境衛生監視員は、身分を示す証明書を携帯し、請求があった場合はこれを提示しなければならない。

答2 ○
立入検査を妨害した者は、開設者、従業員、家族にかかわらず、30万円以下の罰金を科される可能性がある。

答3 ✕
特別の事情がないにもかかわらず出張美容を行った場合は、都道府県知事等から業務停止処分を命じられる可能性がある。

答4 ○
なお、美容師個人が、法の規定に違反して衛生措置を講じなかった場合には、業務停止処分を受けることがある。

答5 ✕
美容師が伝染性の疾病にかかり、就業が公衆衛生上不適当と認められる場合、業務停止処分を受けることがある。

答6 ○
美容師である従業者が常時2人以上いる美容所に管理美容師を置かなかった場合には、美容所の閉鎖命令を受けるおそれがある。

答7 ✕
美容師が、業務停止処分に違反した場合には、免許取消処分を受けることがある。

答8 ✕
美容所の開設者が、業務停止処分を受けている美容師に業務を行わせた場合には、「閉鎖命令を受ける」ことがある。

答9 ○
30万円以下の罰金を科される行為には、他に、開設届の不提出や虚偽の開設届の提出、無免許などが挙げられる。

答10 ✕
免許取消処分を受けた者も、免許取消事由がなくなった場合などには、再免許が与えられ得るが、その際、研修や試験等は不要である。

6 法制度⑥

問1 労働基準法は、同居の親族以外に使用している従業員が1人しかいない場合は適用されない。

問2 標準営業約款は、消費者の利益を保護することを目的としている。

問3 生衛法は、美容業等の経営の健全化等を通じて、公衆衛生の向上と利用者、消費者等国民の利益を擁護することを目的としている。

問4 生活衛生同業組合は、料金等を規制するための適正化規程を設けることができる。

問5 生活衛生同業組合は、営利を目的とせず、かつ、組合の加入・脱退が自由でなければならない。

問6 生活衛生同業組合は、組合員に対する資金のあっせん、技能の改善向上、共済事業や経営の健全化に関する指導等の事業を実施している。

問7 感染症の予防及び感染症の患者に対する医療に関する法律は、保健所の設置や、地域保健対策推進に関する基本事項を定めている。

問8 感染症の予防及び感染症の患者に対する医療に関する法律によれば、結核等伝染病にり患した場合、美容師のみ従業が禁止される。

問9 生衛法には、生衛業の振興指針を都道府県知事が定めるように規定されている。

問10 生活衛生営業指導センターの事業内容には、経営の健全化の相談や指導がある。

答1 ✕
同居の親族以外に1人でも従業員を使用していれば、労働基準法が適用される。

答2 ○
標準営業約款は、厚生労働大臣の許可を得て、サービスや技術内容を適正に表示して消費者の利益を保護する。

答3 ○
当該目的の達成のために①同業者組織の設立及び自主活動の促進、②料金規制、③経営の健全化の指導などが規定されている。

答4 ○
独禁法では原則として料金等の協定は禁止されているが、生衛法ではその例外として、適正化規程の締結が認められている。

答5 ○
なお、生活衛生同業組合は各都道府県に1つずつ設立でき、美容業においては全都道府県で設立されている。

答6 ○
他にも衛生施設の改善向上や、適正化規程の締結などを行うことができる。

答7 ✕
保健所の設置や、地域保健対策推進に関する基本事項を定めているのは、地域保健法である。

答8 ✕
同法によれば、結核等伝染病にり患した場合に従業が禁止されるのは美容師に限らず、美容に従事するすべての従業員が含まれる。

答9 ✕
生衛業の営業の振興促進のための指針は、厚生労働大臣が定めるように規定されている。

答10 ○
生活衛生営業指導センターは、①経営健全化のための相談や指導、②苦情処理などの業務を行っている。

7 運営管理

問1
源泉所得税は、雇用主が従業員の給与からいったん徴収し、翌月15日までに税務署に納付する。

問2
固定資産税は、所有しているだけで支払い義務が生じる税金であり、たとえ経営が赤字の場合であっても支払わなければならない。

問3
美容師が申告期限を過ぎても税務申告を行わなかった場合には、30万円以下の罰金に科されるおそれがある。

問4
労働安全衛生法により、経営者は、従業員等の安全を図ることを義務づけられているが、労働者の健康管理についての義務はない。

問5
日本国内に居住する20歳以上60歳未満の者は、すべて国民年金（基礎年金）に加入することになっている。

問6
国民年金で給付される年金には、老齢基礎年金、障害基礎年金、遺族基礎年金が挙げられる。

問7
老齢基礎年金の金額は保険料の納付済みないし免除期間の月数に応じて決定されるが、最低でも受給資格期間が通算20年以上必要である。

問8
医療保険には、被用者保険（健康保険）は被用者、国民健康保険は被用者保険未加入者、後期高齢者医療保険は75歳以上の人が加入する。

問9
被用者保険（健康保険）の医療費負担は、小学校入学前の子どもは1割である。

問10
失業中の基本手当や育児休業中の育児休業給付は雇用保険給付に、介護休業中の介護休業給付は労働者災害補償保険に当たる。

答1 ✕
「15日」ではなく「10日」が正しい。源泉所得税は、雇用主が従業員の給与からいったん預かるお金（税金）である。

答2 ◯
固定資産税は、黒字のときに支払う個人所得税や法人税と異なり、たとえ赤字であっても支払わなければならない税金である。

答3 ✕
税務申告には期限が定められており、申告期限を過ぎても税務申告を行わなかった場合には、追徴課税されることになっている。

答4 ✕
労働安全衛生法によって、経営者は従業員等の安全と健康管理をすることも義務づけられており、例えば健康診断はその一例である。

答5 ◯
公的年金のうち、国民年金は規定年齢の全国民の加入が義務づけられている。

答6 ◯
なお、老齢基礎年金は原則として65歳から支給が開始される。

答7 ✕
「20年」ではなく「10年」である。なお、受給資格期間とは保険料納付済みないし免除期間をいう。

答8 ◯
これにより、日本においては世界から見ても高水準の国民皆保険制度が実現している。

答9 ✕
小学校入学前の者の医療費負担は「2割」である。

答10 ✕
介護休業中の介護休業給付も雇用保険給付に当たる。労働者災害補償保険には例えば療養（補償）給付、休業（補償）給付などがある。

1 公衆衛生・環境衛生①

問1 出生数とは1年間に生まれる子どもの数であり、第1次・第2次ベビーブームでは200万人を超えていたが、2015年は約100万人だった。

問2 出生率とは人口1万人当たりの出生数の割合をいい、我が国の出生率は2015年には8.0、2020年には6.8にまで低下した。

問3 合計特殊出生率は、1人の女性が一生の間に産む子どもの数であり、近年のわが国の合計特殊出生率は、2.0を下回っている。

問4 乳児死亡率は出生千人当たりの生後1カ月以内の死亡数の割合であり、2015年における我が国の乳児死亡率は2.0を下回っている。

問5 母子健康手帳の交付、妊産婦・乳幼児の健康診査、新生児の訪問指導はすべて母子保健法に基づく母子保健事業に含まれる。

問6 男女の平均寿命の差は、5年を下回っている。

問7 2015年における死因率の第1位はがん、第2位は脳血管疾患（脳卒中）である。

問8 以前は成人病と呼ばれ、生活習慣に関わりが深く、日本人の死因の上位を占める疾病を生活習慣病という。

問9 2015年のがんの部位別死亡率の第1位は、男性が胃がん、女性が大腸がんである。

問10 生活習慣病の一つである虚血性心疾患には狭心症と心筋梗塞があり、その要因として糖質や動物性脂肪の過剰摂取が挙げられる。

答1
○

第1次・第2次ベビーブームでは200万人を超えていたが、2015年は約100万6千人、2020年は約84万1千人であった。

答2
✕

「1万人」が誤り。正しくは「千人」である。

答3
○

合計特殊出生率は減少傾向にあり、近年は2.0を下回っていて、2015年は1.45、2020年は1.34である。

答4
✕

乳児死亡率は出生千人当たりの乳児（生後1年未満の0歳児）についての死亡数の割合である。

答5
○

問題文に挙げられた事項は、母子保健法に基づく母子保健事業のうちの基本的な事業として市町村によって実施されている。

答6
✕

2015年の平均寿命は男性が80.75年、女性が86.99年であるから、その差は5年以上である。なお、2019年も同様に5年以上である。

答7
✕

第1位が「がん」、第2位が「心疾患（心臓病）」である。なお、2020年も同様である。

答8
○

生活習慣病の予防対策として、40〜74歳の人を対象に、特定健康診査（特定健診）・特定保健指導を実施している。

答9
✕

男性が「胃がん」とする点が誤り。正しくは「肺がん」である。女性については正しい。なお、2020年も同様である。

答10
○

なお、喫煙、高血圧、ストレス、運動不足等が疾病リスクを上げるといわれている。

2

公衆衛生・環境衛生①

2 公衆衛生・環境衛生②

問1 糖尿病には1型と2型があるが、生活習慣病に含まれるのは1型である。

問2 心筋梗塞や白内障、末梢神経障害、足の壊疽はすべて糖尿病の合併症に当たる。

問3 喫煙を危険因子とするがんは、肺に限られる。

問4 男性の喫煙率は、年々増える傾向にある。

問5 他人のたばこの煙を吸わされる受動喫煙によってもがんや呼吸器疾患、小児ぜんそくなどの疾病リスクの上昇があるといわれている。

問6 アルコール依存症や肝疾患、脳卒中、高血圧などはアルコールを原因とする主な疾患である。

問7 介護保険法の財源は、40歳以上の人から徴収した保険料のみである。

問8 環境要因を「物理的」「化学的」「生物学的」「社会的」に分類した場合、温度や湿度、空気成分や水はすべて物理的環境要因に含まれる。

問9 空気の約78%を占める窒素は、活性ガスである。

問10 二酸化炭素は活性ガスともいわれ、法律上、美容所内においては3,000ppm以下に保つよう規定されている。

答1 ✕

生活習慣病に含まれるのは2型糖尿病である。2型糖尿病は、運動不足や肥満、食生活などが要因であるとされている。

答2 ◯

糖尿病の合併症としては他に、緑内障、糖尿病性網膜症、動脈硬化、脂肪肝なども挙げられる。

答3 ✕

喫煙を危険因子とするがんは肺がんに限られず、膀胱(ぼうこう)がん、喉頭がんなども挙げられる。

答4 ✕

男性の喫煙者は年々減少している。

答5 ◯

受動喫煙による危険を避けるために健康増進法25条には、受動喫煙防止の努力義務が規定されている。

答6 ◯

他にもアルコール精神病が挙げられ、さらに犯罪や事故などの社会問題の増加もいわれている。

答7 ✕

介護保険法の財源は、40歳以上の人から徴収した保険料と公費が財源である。

答8 ✕

温度や湿度は物理的環境要因に含まれるが、空気成分や水は化学的環境要因に含まれる。

答9 ✕

空気の約78％を占める窒素は不活性ガスであるから、人の生命には直接関係を有しないとされる。

答10 ✕

二酸化炭素は炭酸ガスともいわれ、美容所内においては5,000ppm以下に保つよう定められている。

3 公衆衛生・環境衛生③

問1
空気中には、アルゴン、ネオン、ヘリウムといった不活性ガスが含まれており、特にアルゴンは酸素に次いで3番目に多い空気成分である。

問2
美容所における最適湿度は、相対湿度40〜70%である。

問3
気流とは空気の流れをいうが、一般に快適と感じる気流は0.5〜0.7m／秒とされる。

問4
衣服素材の性質と衣服の役割に関して、吸湿性と通気性は体温調節、抗菌性と抗帯電性は身体保護の役割をそれぞれ果たす。

問5
衣服素材の性質と衣服の役割に関して、耐熱と防水は作業能率増進の役割を果たす。

問6
自然光とは、直接日光があたる直射日光のことのみを指す。

問7
冷房法のうち、気化熱を利用した打ち水などは納涼法、家庭のエアコンは中央冷房法に分類される。

問8
狭い室内に多数の人が集まった場合、臭気がし、呼吸による水蒸気や二酸化炭素が増加する。

問9
マンションやビルなどの気密性が高い建物においては、自然換気量が少ないことから、機械換気が必要とされる。

問10
上水道の水質基準は、全国で統一して定められたものはなく、各地方公共団体が地域の取水の事情に応じて独自に定めている。

	1回目	2回目
	/10問	/10問

答1
○
不活性ガスの一つであるアルゴンは、空気中に約0.93%含まれており、窒素、酸素に次ぐ空気成分である。

答2
○
「理容所及び美容所における衛生管理要領」によれば、美容所における湿度は、相対湿度40～70%が望ましいとされる。

答3
×
一般に快適と感じる気流は「0.1～0.2m／秒」である。

答4
×
抗菌性と抗帯電性は、衣服の生物学的役割のうち、清潔保持の役割を果たすとされる。

答5
×
耐熱と防水は、衣服の生物学的役割のうち、身体保護の役割を果たす。作業能率増進の役割を果たすのは、伸縮性、弾性等である。

答6
×
自然光には直射日光と天空光とがある。

答7
×
家庭のエアコンは局所冷房法に当たる。中央冷房法はビル等で使われる大型冷凍機が代表的である。

答8
○
室内の空気が汚れた場合には、外の新鮮な空気と入れ替えるために換気をする必要がある。

答9
○
機械換気には汚れた空気を排出する排気式換気法、外の新鮮な空気を取り込む送気式換気法、両方併用の送排気式換気法などがある。

答10
×
上水道の水質基準は、水道法に基づいて全国統一の基準で定められている。

4 公衆衛生・環境衛生④

問1
上水は、導水、取水、送水、浄水、配水の過程を経て供給される。

問2
浄水操作は、沈砂、沈殿（ちんでん）、ろ過、消毒の順番に行われる。

問3
浄水操作では、完全に細菌を取り除くため塩素消毒が行われ、水道法施行（しこう）規則において遊離残留塩素量の基準が定められている。

問4
下水処理を終えた水は放流したり、農業用水等へ再利用されているが、生物化学的酸素要求量はその際の検査項目の一つである。

問5
産業廃棄物（はいきぶつ）以外の、人の生活によって生じた廃棄物を一般廃棄物といい、都道府県知事の責任によって処理が行われている。

問6
美容所から排出される毛髪は原則として一般廃棄物であるが、大量に排出された場合は産業廃棄物として処理される。

問7
産業廃棄物の処理は事業主の責任で行うが、自分自身で行っても、業者に委託して行ってもよい。

問8
我が国のし尿処理の主流は浄化槽（そう）による処理であり、この浄化槽の設置や保守点検などの適正化を図るために浄化槽法が制定されている。

問9
ハエは繁殖力が強く、夏は5日、秋でも1週間ほどで成虫になる。

問10
アタマジラミは毛髪に卵を産み、頭皮を吸血する。

1回目	2回目
／10問	／10問

答1 ✕

上水は、取水、導水、浄水、送水、配水の過程を経て供給される。

答2 ◯

沈砂は大きなごみや砂、土などを沈めて取り除くこと、沈殿は濁質部分を沈めて取り除くことをいう。

答3 ◯

水道法施行規則において、遊離残留塩素量は0.1mg／L以上に保持するように規定されている。

答4 ◯

放流や再利用の際には、臭気、pH、生物化学的酸素要求量（BOD）、化学的酸素要求量（COD）、浮遊物質量などの検査が行われる。

答5 ✕

一般廃棄物の処理は廃棄物の処理及び清掃に関する法律に基づいて市町村長の責任で処理が行われる。

答6 ✕

美容所から排出される毛髪は、量の多少にかかわらず一般廃棄物である。

答7 ◯

なお、委託を受ける業者は許可が必要であり、違反した場合は罰則が適用されることがある。

答8 ✕

我が国のし尿処理の主流は公共下水道による処理である。公共下水道未整備地域のみ、浄化槽法に基づき浄化槽で処理されている。

答9 ✕

ハエは繁殖力が強く、夏は1〜2週間、秋でも2〜3週間ほどで成虫になる。

答10 ◯

アタマジラミは毛髪に卵を産み、幼虫・成虫になると頭皮を吸血する。そして、繰り返しの吸血によりかゆみを生じる。

5 感染症①

問1
美容師が麻しんに感染しても就業制限の対象とならないが、結核に感染した場合は就業制限の対象となる。

問2
白癬（はくせん）は、傷口など血液等を介して感染する感染症である。

問3
麻しんは、飛沫（ひまつ）感染する。

問4
マラリアとデング熱は、ともに蚊によって媒介される感染症である。

問5
コレラは、病原体に汚染された食品や水などを介して感染する。

問6
梅毒は性行為によって感染するが、B型肝炎は性行為によっては感染しない。

問7
つつが虫病とマラリアは、ウイルスを病原体とする。

問8
B型肝炎は、細菌を病原体とする。

問9
細菌の大きさはウイルスより小さく、形は球形か棒形のいずれかである。

問10
細菌の成分の約半分は、タンパク質である。

答1　〇

麻しんは5類感染症だが、結核は美容師が就業制限の対象となる2類感染症である。

答2　✕

白癬（水虫）は接触感染する感染症であり、病原体保有者と直接、あるいは汚染された<u>タオル</u>などを介して間接的に接触して感染する。

答3　〇

麻しんは接触感染ないし<u>空気感染・飛沫感染</u>する。飛沫感染する感染症としては、他に<u>結核</u>、<u>インフルエンザ</u>などがある。

答4　〇

<u>マラリア</u>や<u>デング熱</u>、<u>日本脳炎</u>は蚊によって媒介される感染症である。

答5　〇

コレラは<u>細菌性赤痢</u>、腸管出血性大腸菌感染症、<u>腸チフス</u>などと同様、病原体に汚染された<u>食品</u>や<u>水</u>などを介して感染する。

答6　✕

梅毒もB型肝炎もともに性行為によって感染する。他に性行為によって感染する主な感染症には<u>エイズ</u>、<u>C型肝炎</u>がある。

答7　✕

つつが虫病は細菌の一種である<u>リケッチア</u>を、マラリアは<u>寄生虫</u>を病原体とする。

答8　✕

B型肝炎は<u>ウイルス</u>を病原体とする。ウイルスを病原体とする感染症には<u>狂犬病</u>、デング熱、A・C型肝炎、<u>エイズ</u>、<u>麻しん</u>などもある。

答9　✕

細菌はウイルスの10〜100倍ほど<u>大きく</u>、形は<u>球形</u>、<u>棒形</u>、<u>らせん形</u>の3つのいずれかの形である。

答10　✕

細菌の成分の約80%は<u>水分</u>である。残りの固形成分のうちの約半分は<u>タンパク質</u>である。

6 感染症②

問1
細菌は、DNAとRNAのいずれか1種類のみをもつ。

問2
細菌の増殖は、菌体の2分裂によるとは限らない。

問3
ウイルスの増殖には、生きた細胞が必要不可欠である。

問4
ウイルスは、しばしば変異をおこす。

問5
芽胞(がほう)によって細胞は活性化される。

問6
結核菌は、細胞内に芽胞をつくる。

問7
細菌の芽胞は、100℃の加熱に耐えることが可能である。

問8
ブドウ球菌は、鼻腔にも顔の表面にもいる常在細菌である。

問9
通常健康な人であれば感染を起こさない程度の低い病原性の病原体によって発病することを、不顕性感染(ふけんせい)という。

問10
B型肝炎は、持続性感染となる可能性がある。

	1回目	2回目
	／10問	／10問

答1
✕

細菌はDNAとRNAの両方をもつ。一方、ウイルスはDNAとRNAいずれか1種類のみをもつ。

....

答2
✕

細菌の増殖は菌体の2分裂による。一方、ウイルスの増殖は菌体の2分裂によるとは限らない。

....

答3
○

ウイルスの増殖は、細菌の増殖と異なり、生きた細胞の中のみで行われるため、ウイルスの増殖に生きた細胞は必要不可欠である。

....

答4
○

ウイルスは、変異によって強（弱）毒化することがしばしばある。

....

答5
✕

芽胞によって細胞は休眠の状態になる。休眠の状態になると高い耐久性をもち、通常の細菌が死滅する悪条件のもとでも生存可能となる。

....

答6
✕

結核菌は細菌であるが芽胞はつくらない。芽胞をつくる細菌は限られており、代表的なものとして破傷風菌、炭疽菌がある。

....

答7
○

細菌の芽胞は熱や乾燥に強く、100℃の加熱にも相当時間耐えることができる。

....

答8
○

ブドウ球菌は鼻腔や顔の表面に存在する常在細菌である。顔面にはこのほかレンサ球菌も存在する。

....

答9
✕

通常健康な人であれば感染を起こさない程度の低い病原性の病原体によって発病することを日和見感染という。

....

答10
○

持続性感染とは、病原体による感染を受けた宿主が、感染した状態で長期間病原体と共存し続ける状態をいう。

7 感染症③

問1
免疫反応を誘導する物質を抗体、それに対抗する物質を抗原という。

問2
空港等での検疫は、感染経路に関する対策である。

問3
生徒の出席停止は宿主に関する対策、学校閉鎖は感染経路に関する対策である。

問4
予防接種は、宿主に関する対策である。

問5
予防接種は、すべて定期に行わなければならない。

問6
結核は、菌が定着するそれぞれの場所で病変を起こす。

問7
結核の主な感染経路は、血液を介したものである。

問8
インフルエンザは、ヒトからヒトへのみ感染する。

問9
麻しんの病原体は、「はしか菌」である。

問10
麻しんの潜伏期は10〜14日、風しんの潜伏期は2〜3週間である。

答1 ✕
抗体と抗原が逆である。免疫反応を誘導する物質を抗原、抗原に対抗する物質を抗体という。抗体ができると免疫を獲得したといえる。

答2 ✕
空港等での検疫（けんえき）は「人」に対する感染後（ないし感染疑いのあるとき）に行うものであるから、感染源に関する対策である。

答3 ✕
出席停止は「感染後の人」に行うので感染源に関する対策、学校閉鎖は学校という「もの」に対して行うので感染経路に関する対策である。

答4 ◯
予防接種は「人」に対して感染前に行うものであるから、宿主に関する対策である。

答5 ✕
予防接種は定期にあるいは臨時に行う。例えば麻しん、日本脳炎の予防接種は定期、インフルエンザの予防接種は臨時に行うものである。

答6 ◯
結核には「肺」に関する病気というイメージがあるが（肺結核）、肺以外にも関節結核、腎結核などが起こりうる。

答7 ✕
結核の主な感染経路は、①飛沫（ひまつ）感染及び②塵埃（じんあい）感染である。

答8 ✕
インフルエンザは、ヒト以外の動物にも感染する。

答9 ✕
麻しんは別名「はしか」というが、その病原体は細菌ではなく「麻しんウイルス」というウイルスである。

答10 ◯
潜伏期は、感染症ごとにほぼ一定期間に決まっていて、麻しんは10～14日、風しんは2～3週間である。

8 感染症④

問1
百日せきの病原体は「百日せき菌」であり、予防のために定期の予防接種を受けることが有効である。

問2
妊婦が風しんになると、聴力障害をもつ子どもが生まれることがある。

問3
O157による腸管出血性大腸菌感染症の潜伏期（せんぷく）は、約2週間である。

問4
腸管出血性大腸菌感染症の主な感染経路は、飛沫感染（ひまつ）である。

問5
A型肝炎、B型肝炎ともに5類に分類される。

問6
B型肝炎は、医療行為や出産時に感染することもある。

問7
B型肝炎の潜伏期は、1～5年である。

問8
後天性免疫不全症候群（エイズ）に感染したかどうかは、感染後6～8週間たてば判定することができる。

問9
梅毒の病原体は細菌で、汚染されたコップを回し飲みすることでもしばしば感染する。

問10
ラッサ熱もデング熱も、ともに病原体はウイルスである。

答1 ○
百日せきの病原体は「百日せき菌」という細菌であり、飛沫感染によって感染する。予防には定期の予防接種が有効である。

答2 ○
妊婦が風しんになると、流産したり、胎内感染により心臓病、白内障、聴力障害を起こす先天性風しん症候群の子が出生する危険がある。

答3 ×
○157による腸管出血性大腸菌感染症の潜伏期は約4〜8日間である。

答4 ×
腸管出血性大腸菌感染症の主な感染経路は、飲食物等を介しての経口感染である。

答5 ×
A型肝炎は4類、B型肝炎は5類に分類されている。

答6 ○
B型肝炎は血液等によって感染するため、出産時に母子感染(垂直感染)や医療行為(汚染された注射針の使用など)でも感染する。

答7 ×
B型肝炎の潜伏期間は1〜6カ月で、発症すると全身の倦怠感や食欲不振などの症状の後、黄疸が出現することもある。

答8 ○
後天性免疫不全症候群(エイズ)に感染したかどうかは、感染後6〜8週間たてば抗体検査によって判定することができる。

答9 ×
梅毒の病原体は梅毒トレポネーマという細菌である。性行為や接吻による直接の接触感染が主な原因で、間接感染はまれである。

答10 ○
ラッサ熱の病原体はラッサウイルス、デング熱の病原体はデングウイルスであり、ともにウイルスである。

9 衛生管理技術①

問1
主に病原微生物を殺すないし除去<ruby>除去<rt>じょきょ</rt></ruby>して、感染力を失わせることを消毒という。

問2
あらゆる微生物を殺すないし除去して、生きている微生物を存在しない状態にすることを殺菌という。

問3
美容所で器具を処理する場合は、感染症を防ぐ必要性から滅菌しなければならない。

問4
殺菌効果の3要素は、「温度」「密度」「時間」である。

問5
美容法の定めによれば、皮ふに接する布片は客1人ごとに消毒しなければならない。

問6
血液が付着した疑いのある器具の消毒は、次亜塩素酸ナトリウムが0.1%以上の水溶液に2分以上浸す。

問7
血液が付着した器具の消毒は、沸騰後10分以上煮沸<ruby>煮沸<rt>しゃふつ</rt></ruby>する。

問8
血液が付着した疑いのない器具の消毒は、1㎠当たり85μW以上の紫外線を20分以上照射する。

問9
血液が付着した疑いのない器具の消毒は、次亜塩素酸ナトリウムが0.01%以上の水溶液を含ませた綿又はガーゼで表面をふく。

問10
血液が付着した器具の消毒は、両性界面活性剤が0.1%以上の水溶液に10分以上浸す。

答1

〇

消毒とは、病原微生物を殺すないし除去して、感染力を失わせることであり、すべての微生物を除去するものではない。

答2

✕

あらゆる微生物を殺すないし除去して、生きている微生物を存在しない状態にすることを滅菌という。

答3

✕

美容所で器具を処理する場合は消毒で足り、滅菌までは不要である。

答4

✕

殺菌効果の3要素は、①温度 ②濃度 ③時間である。

答5

✕

美容法の定めによれば、皮ふに接する布片は客1人ごとに取り替えなければならない。消毒するのは皮ふに接する器具である。

答6

✕

血液が付着した疑いのある器具の消毒は、次亜塩素酸ナトリウムが0.1％以上の水溶液に10分以上浸さなければならない。

答7

✕

血液が付着した器具の消毒は、沸騰後2分以上煮沸する。

答8

〇

血液が付着していないあるいは付着した疑いのない器具の消毒は、85μW/cm^{2}以上の紫外線を20分以上照射する。

答9

✕

血液が付着した疑いのない器具の消毒は、濃度76.9〜81.4％のエタノール水溶液を含ませた綿又はガーゼで表面をふく。

答10

✕

両性界面活性剤が0.1％以上の水溶液に10分以上浸して消毒するのは、血液が付着していないあるいは付着した疑いのない器具である。

10 衛生管理技術②

問1
美容で用いられる理学的消毒法は、「熱気消毒」「煮沸消毒」「紫外線消毒」の3種類である。

問2
加熱殺菌の熱には、乾熱と温熱の2種類がある。

問3
蒸気消毒と煮沸消毒では、煮沸消毒の方が長く時間がかかる。

問4
芽胞をもたない栄養型の細菌は、70℃以上では数分で殺菌される。

問5
煮沸消毒は、80℃以上の熱湯によって殺菌する方法である。

問6
煮沸消毒による刃物類のさび止めには、1～2%の炭酸カルシウムをお湯に加えるとよい。

問7
蒸気消毒は、80℃以上で10分以上加熱して行う。

問8
紫外線消毒は結核菌やカビにも殺菌効果があるが、芽胞には殺菌効果がない。

問9
紫外線消毒は、ものの内部や深部は消毒できない。

問10
プラスチック製の器具に長時間紫外線を照射しても全く劣化しない。

答1 ✕ 「熱気消毒」が誤り。美容で用いられる理学的消毒法は「蒸気消毒」「煮沸消毒」「紫外線消毒」の3種類である。

答2 ✕ 温熱が誤り。加熱殺菌の熱には乾熱と湿熱の2種類がある。

答3 ✕ 蒸気消毒と煮沸消毒では、煮沸消毒の方が熱が確実に入る。したがって、蒸気消毒の方が長く時間がかかる。

答4 ◯ 芽胞は加熱に強く、熱による殺菌は難しいが、芽胞をもたない栄養型の細菌であれば70℃以上で数分で殺菌される。

答5 ✕ 煮沸消毒は100℃の沸騰した熱湯によって殺菌する方法である。

答6 ✕ 「炭酸カルシウム」が誤り。煮沸消毒による刃物類のさび止めには1〜2％の炭酸ナトリウムをお湯に加えるとよい。

答7 ◯ 美容法施行規則により、蒸気消毒は80℃以上で10分以上加熱して行うことが定められている。

答8 ✕ 「芽胞には殺菌効果がない」が誤り。紫外線消毒はあらゆる微生物に殺菌効果があり、結核菌やカビ、芽胞に対しても有効である。

答9 ◯ 紫外線消毒は光線を照射して消毒するから、ものの表面には強い効果があるが、陰になる部分や光の届かない内部や深部は消毒できない。

答10 ✕ プラスチック製品に長時間紫外線照射すると、種類によっては劣化するおそれがある。

11 衛生管理技術③

問1
エタノール消毒は、結核菌やウイルスに殺菌効果があるが、芽胞(がほう)には殺菌効果がない。

問2
消毒用エタノールは、他の消毒薬と混ぜて使うことができる。

問3
次亜塩素酸ナトリウム消毒は結核菌や芽胞にはあまり殺菌効果がないが、ウイルスには殺菌効果がある。

問4
次亜塩素酸ナトリウムは、冷暗所に保管しなければならない。

問5
逆性石けんは、普段使う石けんと一緒に使うこともできる。

問6
逆性石けんは結核菌やウイルスに殺菌効果があるが、芽胞には殺菌効果がない。

問7
両性界面活性剤は結核菌には殺菌効果があるが、多くのウイルスや芽胞には殺菌効果がない。

問8
両性界面活性剤は、無色無臭である。

問9
グルコン酸クロルヘキシジンは結核菌やウイルスにも殺菌効果があるが、芽胞には殺菌効果がない。

問10
グルコン酸クロルヘキシジンに刺激臭はない。

答1
〇
エタノール消毒は結核菌をはじめとする多くの細菌やウイルスに殺菌効果があるが、芽胞には殺菌効果がない。

答2
〇
消毒用エタノールは他の消毒薬と反応しない、あるいは相乗効果を得られるので、他の消毒薬と併用可能である。

答3
〇
次亜塩素酸ナトリウム消毒は結核菌や芽胞にはあまり殺菌効果がないが、芽胞をもたない栄養型の細菌やウイルスには殺菌効果がある。

答4
〇
次亜塩素酸ナトリウムは光や熱に弱い性質をもっているため、冷暗所に保管しなければならない。

答5
✕
逆性石けんは、普通石けんと併用すると逆の性質をもつイオンの界面活性能力が相殺され沈殿する性質があるため、併用は避ける。

答6
✕
逆性石けんは結核菌や多くのウイルス、芽胞に殺菌効果がない。

答7
〇
両性界面活性剤は多くのウイルスや芽胞に殺菌効果がないが、結核菌に殺菌効果があるのが特徴である。

答8
〇
両性界面活性剤は、人に対する毒性が弱くて刺激性も少なく、無色無臭である。

答9
✕
グルコン酸クロルヘキシジンは、結核菌、多くのウイルス、芽胞をもつ細菌には殺菌効果がない。

答10
〇
グルコン酸クロルヘキシジンは毒性が弱く、刺激臭はない。

12 衛生管理技術④

問1 百分率より百万分率のほうが、濃度の薄い消毒液を示すのに適している。

問2 希釈倍数が20倍の消毒液と50倍の消毒液では、20倍の消毒液のほうが濃度が薄い。

問3 消毒液100㎖中に5㎖の消毒剤（主剤）が含まれる消毒液の混合比は、水100対消毒薬5である。

問4 美容所で用いる消毒液の調製に使う水は、滅菌精製水でなければならない。

問5 5％両性界面活性剤水溶液5㎖を水495㎖で希釈すると、0.05％両性界面活性剤水溶液になる。

問6 0.1％グルコン酸クロルヘキシジン水溶液は、10％グルコン酸クロルヘキシジン溶液10㎖に水990㎖を加える。

問7 0.05％逆性石けん水溶液1000㎖を調製するためには、5％逆性石けん溶液5㎖が必要である。

問8 5％両性界面活性剤10㎖を水490㎖で希釈した両性界面活性剤水溶液は法令の規定に適合する。

問9 0.2％次亜塩素酸ナトリウム水溶液250㎖を調製するためには、10％次亜塩素酸ナトリウム製剤5㎖が必要である。

問10 15％グルコン酸クロルヘキシジン溶液5㎖を水495㎖で希釈したグルコン酸クロルヘキシジン水溶液は法令の規定に適合する。

答1 ○
百万分率は百分率を1万倍したもので、例えば大気中の汚染物質や希釈された消毒液など、ごく薄い濃度を示すのに適した単位である。

答2 ×
希釈倍数は数が大きいほど薄い濃度であることを表すから、希釈倍数が20倍の消毒液のほうが50倍の消毒液より濃度は濃い。

答3 ×
混合比の「水」は希釈した水の量、すなわち「消毒液－消毒剤」を意味するから、「100－5＝95」で導かれる。「水95対消毒剤5」が正解。

答4 ×
美容所で用いる消毒液（次亜塩素酸ナトリウムや逆性石けん水溶液）は殺菌力が強いので、微生物を多少含む水道水で調製してもよい。

答5 ○
水溶液5㎖を水495㎖で希釈すると500㎖の水溶液となる。「5㎖→500㎖」「0.05％→5％」ともに100倍となる。

答6 ○
溶液10㎖＋水990㎖＝1000㎖の水溶液となる。「10㎖→1000㎖」「0.1％→10％」両方100倍となる。

答7 ×
「溶液5㎖→水溶液1000㎖」は200倍、「0.05％→5％」は100倍である。同じ100倍とするには溶液10㎖が必要である。

答8 ○
法令上の濃度は0.1％。両性界面活性剤10㎖＋水490㎖＝500㎖の水溶液となる。「10㎖→500㎖」「0.1％→5％」両方50倍となる。

答9 ○
「製剤5㎖→水溶液250㎖」は50倍。「0.2％→10％」も50倍である。

答10 ×
法令濃度は0.05％。溶液5㎖＋水495㎖＝500㎖の水溶液となる。「0.05％→15％」は300倍で「5㎖→500㎖」の100倍と一致しない。

13 衛生管理技術⑤

問1
エタノール水溶液は、無色透明、無臭で、中性である。

問2
次亜塩素酸ナトリウム水溶液は、無色透明、刺激臭があり、酸性である。

問3
逆性石けん水溶液は、ほぼ無色透明、無臭で、振ると泡立つ。

問4
両性界面活性剤水溶液は、無色透明、振ると沈殿（ちんでん）し、中性から弱アルカリ性である。

問5
グルコン酸クロルヘキシジン水溶液は、無色透明、ほぼ無臭で、弱酸性である。

問6
血液が付着しているはさみの消毒は、次亜塩素酸ナトリウムが0.01％以上の水溶液に10分以上浸す。

問7
血液が付着していないタオルの消毒は、グルコン酸クロルヘキシジンが0.05％以上の水溶液に10分以上浸す。

問8
血液が付着していないクッションブラシの消毒は、0.1％以上の逆性石けん水溶液に10分以上浸す。

問9
プラスチック製の器具の消毒は、紫外線消毒か消毒液による消毒が適している。

問10
血液が付着していないステンレス製のはさみは0.01％以上の次亜塩素酸ナトリウム水溶液に10分以上浸す。

答1 ✕
エタノール水溶液は、<u>無色透明</u>、エタノール特有のにおいが<u>あり</u>、<u>中性</u>である。

答2 ✕
次亜塩素酸ナトリウム水溶液は、<u>無色透明</u>、刺激臭があり、<u>アルカリ性</u>である。

答3 ◯
逆性石けん水溶液は、ほぼ<u>無色透明</u>、<u>無臭</u>で、振ると<u>泡立つ</u>。また、<u>中性かややアルカリ性</u>である。

答4 ✕
振るとよく<u>泡立つ</u>。沈殿するのは普通石けんと<u>混ぜた</u>場合である。

答5 ◯
グルコン酸クロルヘキシジン水溶液は、無色透明、ほぼ<u>無臭</u>で、弱酸性である。また、振ると<u>泡立つ</u>という特徴もある。

答6 ✕
血液が付着しているものは、<u>0.1</u>％以上の次亜塩素酸ナトリウム水溶液に<u>10</u>分以上浸す。

答7 ✕
血液が付着していないタオルの消毒は<u>0.01</u>％以上の次亜塩素酸ナトリウム水溶液に<u>10</u>分以上浸す。スチームタオルは<u>蒸気</u>消毒でもよい。

答8 ✕
クッションブラシは毛が不規則に並んでいるから、<u>紫外線</u>消毒が適している。

答9 ◯
プラスチック製品は<u>熱</u>に弱く、熱（煮沸・蒸気）による消毒は適さない。<u>紫外線・消毒液</u>による消毒が適している。

答10 ✕
はさみは熱により切れ味が鈍るので消毒液消毒が適するが、金属は<u>塩素</u>や<u>強酸性</u>でさびるので次亜塩素酸ナトリウム水溶液は適さない。

2

衛生管理技術⑤

193

1 人体の構造及び機能①

問1
眉は前頭骨の眉弓(びきゅう)とほぼ同じ位置にある。

問2
マイボーム腺(せん)は、糖質を分泌する。

問3
虹彩(こうさい)の周りに瞳孔(どうこう)がある。

問4
マイボーム腺は、上眼瞼(じょうがんけん)と下眼瞼にそれぞれ10個ほどある。

問5
鼻翼(びよく)、外鼻孔(がいびこう)は正中線(せいちゅう)上にない。

問6
鼻唇溝(びしんこう)とは、鼻と唇の間の正中線上にあるみぞをいう。

問7
鼻は顔の内側にあることから、正確には「内鼻」という。

問8
口裂(こうれつ)は、上唇ないし下唇の溝(しわ)のことである。

問9
口唇(こうしん)は、解剖学的には赤唇縁(せきしんえん)という。

問10
オトガイとは、下唇の先端部分のことである。

答1

⭕️

眉は、眼窩（がんか）（眼球のあるくぼんだ部分）の上縁に位置し、前頭骨の眉弓とはほとんど同じ位置にある。

答2

❌

マイボーム腺は脂を分泌する。

答3

❌

瞳孔の周りに虹彩がある。

答4

❌

マイボーム腺は上眼瞼と下眼瞼にそれぞれ20〜40個ほどある。

答5

⭕️

鼻翼、外鼻孔は正中線より左右に存在し、正中線上にはない。

答6

❌

鼻唇溝は笑ったときなどにできる、いわゆる「ほうれい線」のことである。鼻と唇の間にある正中線上のみぞを人中（じんちゅう）という。

答7

❌

鼻は「外鼻」「鼻腔」「副鼻腔」の3つの部分に分けられ、顔の中央に見える、いわゆる鼻は「外鼻」という。

答8

❌

口裂は口を開けたときにできる上唇と下唇の間の空間のことをいう。

答9

⭕️

口唇は、解剖学的には赤唇縁といい、赤みを帯びている。

答10

❌

オトガイとは下顎の先端部分のことである。

3

人体の構造及び機能①

195

2 人体の構造及び機能②

問1 骨を構成する緻密質（ち みつ）は、海綿質より硬い。

問2 ハヴァース管は、緻密質にある血管の通り道である。

問3 造血作用を失った骨髄を、黒色骨髄という。

問4 関節は関節包（ほう）に囲まれ、その内側は滑液（かつえき）で満たされている。

問5 球関節は関節の中で1番自由に動き、手根関節がその例である。

問6 楕円関節（だ えん）も鞍関節（あん）も、ともに2方向へ動く。

問7 足首関節は、蝶番関節（ちょうつがい）である。

問8 蝶形骨は、顔面頭蓋（とうがい）である。

問9 篩骨（し こつ）も上顎骨（じょうがくこつ）も頭蓋の一部である。

問10 乳様突起は、項部（うなじ）の正中（せいちゅう）にある。

答1 ⭘
緻密質は骨の外側の硬い部分であり、スポンジ状の海綿質よりも硬い。

....

答2 ⭘
ハヴァース管は緻密質にある血管の通り道で、骨に血液を行きわたらせている。

....

答3 ✕
造血作用を失った骨髄を黄色骨髄（おうしょく）という。なお、造血作用を有する骨髄は赤色骨髄（せきしょく）という。

....

答4 ⭘
関節は関節包に囲まれ、その内側は骨の摩擦を防ぐための潤滑油としての滑液で満たされている。

....

答5 ✕
球関節は多方向に動き、関節の中で1番自由に動く関節といえるが、手根関節には存在しない。球関節は肩関節（けん）や股関節がその例である。

....

答6 ⭘
楕円関節も鞍関節もともに2方向へ動く。楕円関節は手根関節に、鞍関節は母指根関節に存在する。

....

答7 ⭘
足首関節や膝関節などが蝶番関節の例である。

....

答8 ✕
蝶形骨は、脳頭蓋に存在する。

....

答9 ⭘
篩骨は脳頭蓋、上顎骨は顔面頭蓋に属し、どちらも頭蓋の一部である。

....

答10 ✕
項部の正中にあるでっぱりは外後頭隆起である。乳様突起は耳介の後下方にある。

問1
内臓の筋肉は、骨格筋である。

問2
心筋と平滑筋（へいかつ）は、不随意筋（ずいい）である。

問3
心筋は、横紋筋（おうもん）である。

問4
広頸筋（こうけい）は、頭部の筋である。

問5
上腕二頭筋は伸筋（しん）であり、上腕三頭筋は屈筋（くっ）である。

問6
前頭筋は表情筋だが、咬筋（こう）は表情筋ではない。

問7
口輪筋は、口を開けるときに使う筋肉である。

問8
眼輪筋（がんりん）は、目の開閉に使う筋肉である。

問9
頬筋（きょう）とは、えくぼをつくる筋肉である。

問10
神経系は、中枢神経（ちゅうすう）と自律神経に分けられる。

答1 ×

内臓の筋肉は、平滑筋である。

答2 ○

心臓の筋肉である心筋と内臓や血管の筋肉である平滑筋は、自分の意思とは関係なしに動く不随意筋である。

答3 ○

心筋は、縞模様のある横紋筋である。

答4 ×

広頸筋は、頸部（首）の筋肉である。頸部の筋肉には他に胸鎖乳突筋がある。

答5 ×

上腕二頭筋は屈筋であり、上腕三頭筋は伸筋である。

答6 ○

額にしわをつくる筋肉である前頭筋は表情筋だが、俗にいうエラの部分にあたる咬筋は表情筋ではない。

答7 ×

口輪筋は口を閉じたりすぼめたりするときに使う筋肉である。

答8 ×

眼輪筋は目を閉じるために使う筋肉である。

答9 ×

頬筋は口を横に開くための筋肉である。えくぼをつくる筋肉は笑筋という。

答10 ×

神経系は、中枢神経と末梢神経に分けられる。自律神経は末梢神経のうちの一つである。

4 人体の構造及び機能④

問1
中枢神経は、脳と延髄から成り立つ。

問2
脳は大脳、中脳、脳幹からなる。

問3
間脳は、脊髄の中にある。

問4
脳神経は、脳の一部である。

問5
脊髄神経は、31対からなる。

問6
交感神経が優位になると、唾液は濃厚かつ少量になる。

問7
交感神経が優位になると、皮膚血管は収縮する。

問8
副交感神経が優位になると、心拍数は減少する。

問9
副交感神経が優位になると、立毛筋は拡張する。

問10
深部感覚は、筋肉や尿意、のどの渇きを知る感覚器のことである。

答1 ✕
中枢神経は脳と脊髄(せきずい)から成り立つ。延髄は脳の中の脳幹を構成する一部である。

答2 ✕
脳は大脳、小脳、脳幹からなる。「大(大脳)正(小脳)漢方(脳幹)胃腸薬！」と覚えよう。中脳は脳幹を構成する一部である。

答3 ✕
間脳は脳幹の一部である。

答4 ✕
脳神経は脳そのものではなく、脳から出ている神経であり、脊髄神経とともに末梢(まっしょう)神経を構成するものである。脳は中枢神経を構成する。

答5 ◯
脊髄神経とは頸神経、胸神経、腰神経などで、31対からなる。もう一方の末梢神経を構成する脳神経は12対からなる。

答6 ◯
交感神経が優位になると、唾液は濃厚かつ少量になる。副交感神経が優位になると、唾液は希薄かつ多量となる。

答7 ◯
交感神経が優位になると、皮膚血管は収縮する。副交感神経が優位になると、皮膚血管は拡張する。

答8 ◯
副交感神経が優位になると、心拍数は減少する。交感神経が優位になると、心拍数は増加する。

答9 ✕
立毛筋には交感神経のみ存在するため、交感神経が優位になると立毛筋が収縮する(鳥肌が立つ)が、副交感神経による作用は見られない。

答10 ✕
深部感覚は、筋肉や骨、関節の動きを知る感覚器である。尿意やのどの渇きを知る感覚器は内臓感覚という。

3

人体の構造及び機能④

保健

5　人体の構造及び機能⑤

問1
網膜は、眼球の中でカメラのレンズの役割を果たしている。

問2
毛様体は、視覚の感覚器である。

問3
眼球内で光を感じる錐体細胞があるのは、網膜である。

問4
前庭と半規管は音を感じる感覚器である。

問5
耳石は、内耳に存在する平衡感覚を司る感覚器である。

問6
蝸牛は、平衡感覚を司る感覚器である。

問7
味蕾は、味を感じる感覚器である。

問8
嗅細胞は、においを感じる感覚器である。

問9
血液の量は、体重の約8％ほどである。

問10
血液が血管から出て凝固したものを血餅という。

答1 ✕
眼球の中でカメラのレンズの役割を果たしているのは<u>水晶体</u>である。<u>網膜</u>はカメラのフィルムの役割を果たし、光の情報を<u>収集伝達</u>する。

答2 ◯
<u>毛様体</u>は遠近調節機能をもつ、視覚の感覚器の一つである。

答3 ◯
眼球内にある<u>網膜</u>には、光を感じる感覚細胞である<u>錐体細胞</u>と<u>杆体細胞</u>（かんたい）がある。

答4 ✕
前庭と半規管は<u>内耳</u>に存在し、<u>平衡感覚</u>を司る感覚器である。

答5 ◯
耳石は、<u>内耳</u>にある<u>前庭</u>の内部に存在する<u>平衡感覚</u>を司る感覚器の一つである。

答6 ✕
蝸牛は<u>内耳</u>に存在し、音を感じる（<u>聴覚</u>を司る）感覚器である。

答7 ◯
味蕾は舌にある細胞で、<u>味</u>を感じる感覚器である。

答8 ◯
嗅細胞は鼻腔粘膜の上部の嗅部にある、<u>におい</u>を感じる感覚器である。

答9 ◯
血液の量は、体重の約<u>8</u>%、<u>13</u>分の1ほどである。

答10 ◯
血液が血管から出て凝固したものを<u>血餅</u>という。また、<u>血餅</u>をそのまま放っておいた場合に出てくる上澄みの淡黄色の液体を<u>血清</u>（けっせい）という。

問1
白血球はヘモグロビンを含んでいる。

問2
好酸球は、主に血液凝固に関わる。

問3
単球は、主に食作用に関わる。

問4
好塩基球は、主に免疫反応に関わる。

問5
循環器系は、血管、気管およびリンパ管のみで構成されている。

問6
肺動脈には動脈血が流れている。

問7
左心室の次に血液が流れるのは、大静脈である。

問8
血圧は、心臓に最も近い大動脈が一番高く、小動脈、毛細血管、静脈の順に低くなる。

問9
心臓の弛緩時の血圧を最高血圧という。

問10
成人の最低血圧の基準値は、80～100mmHgである。

答1 ✕

ヘモグロビン（血色素）を含むのは赤血球である。

答2 ✕

主に血液凝固に関わるのは血小板である。好酸球は、主に即時型アレルギー反応に関わる。

答3 ◯

単球は、主に食作用に関わる。ほかに食作用に関わる血球としては、好中球がある。

答4 ✕

主に免疫反応に関わるのは、リンパ球である。好塩基球は、主に即時型アレルギー反応に関わる。

答5 ✕

循環器系は、心臓、血管およびリンパ管で構成される。

答6 ✕

肺動脈には静脈血が流れている。一方、肺静脈には動脈血が流れている。

答7 ✕

左心室の次に血液が流れるのは大動脈である。なお、右心室の次に血液が流れるのは肺動脈である。

答8 ◯

血圧の高さは、大動脈＞小動脈＞毛細血管＞静脈の順である。

答9 ✕

心臓の弛緩時の血圧は最低血圧という。最高血圧は心臓の収縮時の血圧である。

答10 ✕

成人の最低血圧の基準値は65〜80mmHgである。最高血圧の基準値は110〜130mmHgである。

3

人体の構造及び機能⑥

7 人体の構造及び機能⑦

問1

リンパ管は、最後は動脈に合流する。

問2

気道は、鼻腔→鼻孔→咽頭→喉頭から気管へとつながる空気の通り道である。

問3

咽頭とは、鼻腔と口腔の後部にある縦長の器官を指す。

問4

喉頭の下に続いている、管状の空気の通り道が気管である。

問5

気道は、肺に入る直前に気管支を通る。

問6

成人の安静時の呼吸回数は、13～15回／分である。

問7

消化管は、全長約20mの管である。

問8

膀胱、直腸、肛門は消化管である。

問9

唾液腺は、顎下腺、舌下腺、胃腺の3つからなる。

問10

膵臓、脾臓、肝臓は消化腺に含まれる。

答1 ✕
リンパ管は、細いリンパ管が合流を繰り返し太いリンパ管となり、リンパ節を経由した上で、最後は<u>静脈</u>（鎖骨下の<u>大静脈</u>）に合流する。

答2 ✕
気道は、<u>鼻孔</u>→<u>鼻腔</u>→<u>咽頭</u>→<u>喉頭</u>から<u>気管</u>へとつながる。

答3 ◯
鼻腔と口腔は<u>前</u>の方に、咽頭はその<u>後ろ</u>の方にある。

答4 ◯
喉頭の下に続いている、管状の空気の通り道が<u>気管</u>で、<u>気管支</u>へと続いている。

答5 ◯
気道は、鼻孔→鼻腔→咽頭→喉頭→気管と続いてきた後、心臓上部で左右に分かれた<u>気管支</u>となり、<u>肺</u>に入る。

答6 ✕
成人の安静時の呼吸回数は<u>15〜20</u>回／分である。

答7 ✕
消化管は全長約<u>9</u>mの管である。

答8 ✕
消化管は<u>口腔</u>、<u>咽頭</u>、<u>食道</u>、<u>胃</u>、<u>小腸</u>、<u>大腸</u>（直腸含む）、<u>肛門</u>で構成される。膀胱は<u>泌尿器</u>の一つである。

答9 ✕
唾液腺は、<u>顎下腺</u>、<u>舌下腺</u>、<u>耳下腺</u>の3つからなる。胃腺は唾液腺ではないが、唾液腺と同じく<u>消化腺</u>の一つである。

答10 ✕
消化腺は唾液腺、膵臓、肝臓、胆嚢（たんのう）など、消化を助けるための<u>付属器官</u>である。脾臓は、免疫機能や造血機能に関係する臓器である。

8 皮膚科学①

問1
皮膚には、無数の皮膚大溝と皮膚大稜がある。

問2
皮膚は、上から皮下組織、表皮、真皮の順にできている。

問3
表皮の95%は、メラニンをつくる角化細胞からできている。

問4
表皮の角化細胞は4層からなり、外側から角質層、有棘層（ゆうきょくそう）、顆粒層（かりゅうそう）、基底層の順に構成されている。

問5
角質層を形成する主な細胞成分は、ケラチンである。

問6
色素細胞は、皮膚の色素であるシアニンをつくる細胞である。

問7
ランゲルハンス細胞は脂肪に関する細胞である。

問8
真皮の大部分は、弾性線維が占めている。

問9
膠原線維は、コラーゲンというタンパク質からできている。

問10
皮下組織で蓄えられている脂肪は、皮脂腺（ひしせん）から分泌されたものである。

答1
✕
皮膚には無数の<u>皮膚小溝</u>と<u>皮膚小稜</u>がある。

答2
✕
皮膚は、上から<u>表皮</u>、<u>真皮</u>、<u>皮下組織</u>の順にできている。

答3
✕
角化細胞は表皮の<u>95</u>％を占める、<u>ケラチン</u>というタンパク質をつくる細胞系列である。

答4
✕
表皮の角化細胞は、外側から<u>角質</u>層、<u>顆粒層</u>、<u>有棘層</u>、<u>基底層</u>の順に構成されている。

答5
○
角質層は、主に<u>ケラチン</u>という<u>タンパク質</u>からできている。

答6
✕
色素細胞は、皮膚の<u>色素</u>である<u>メラニン</u>をつくる細胞である。

答7
✕
ランゲルハンス細胞は<u>免疫</u>に関する細胞である。

答8
✕
真皮は<u>膠原線維</u>と弾性線維の2種類の線維成分からなるが、真皮の大部分を占めているのは<u>膠原線維</u>である。

答9
○
膠原線維は<u>コラーゲン</u>というタンパク質から、弾性線維は<u>エラスチン</u>というタンパク質からできている。

答10
✕
皮下脂肪は<u>皮下組織</u>にある<u>脂肪細胞</u>でつくられ、蓄えられる。

問1 成人の頭毛は、約10万本である。

問2 毛根の下部の球状にふくらんだ部分を毛母という。

問3 毛は、中心から外側に向かって毛髄質、毛皮質、毛小皮の3層からなる。

問4 健康な成人の頭毛は、常に成長を続ける。

問5 毛の主成分はエラスチンというタンパク質であり、横に裂けやすい性質をもつ。

問6 脂腺は短い排出管をもって皮膚表面に開口して、皮膚や毛にあぶらを与えている。

問7 脂腺の数は頭部や体の中央部に多く、末端にいくほど少なくなる。

問8 エクリン腺の汗腺体は、真皮の深いところに存在し、皮膚表面に汗孔をつくって開口している。

問9 アポクリン腺は全身に存在するが、特に手掌と足底に多い。

問10 爪は真皮の角質層が変形したもので、その成分はケラチンである。

答1 ○ 成人の頭毛は約10万本、全身の毛は合わせて約130〜140万本である。

答2 × 毛根の下部の球状にふくらんだ部分を毛球という。毛母は、毛球の中にある毛乳頭に接する部分である。

答3 ○ 毛は、中心から外側に向かって毛髄質、毛皮質、毛小皮の3層となっている。毛皮質の細胞は、褐色のメラニン色素を含んでいる。

答4 × 毛は成長期、退行期、休止期という成長周期をもち、健康な成人の頭毛は85〜90％が成長期とされる。常に成長を続けるのは爪である。

答5 × 毛の主成分は、ケラチンという硫黄を含むタンパク質である。また、ケラチンは縦に裂けやすい性質をもつが、横には裂けにくい。

答6 × 脂腺は短い排出管をもって皮膚表面ではなく、毛包に開口しているから誤り。皮膚や毛にあぶらを与えているのは正しい。

答7 ○ 脂腺の数は部位によって異なり、頭部や顔、体の中央部に多く、体の末端にいくほど少なくなる。

答8 ○ 他方、アポクリン腺の汗腺体は、真皮ないし皮下組織に存在し、毛包内に開口している。

答9 × 全身に存在し、特に手掌と足底に多いのはエクリン腺である。アポクリン腺は外耳道、腋窩、乳輪など特定の部位に限って存在する。

答10 × 爪は「表皮」の角質層が変形したものである。成分はケラチンである。

3

皮膚科学②

問1　皮膚は、赤外線が内部まで達しないように赤外線を吸収、散乱させて身体を保護するはたらきがある。

問2　皮膚の表面には、汗と皮脂が混じり合い、乳化した弱酸性の薄い膜がある。

問3　化学的刺激から皮膚を保護する作用があるのは、脂肪膜と角質層のエラスチンである。

問4　皮脂に含まれる脂肪酸は弱アルカリ性なので、一部の細菌や白癬菌の発育を抑制する。

問5　皮膚で体温調節作用を積極的に行っているのは、毛細血管と脂腺である。

問6　皮脂は、皮下組織の脂肪細胞が脂肪化して、皮膚表面に分泌されたものである。

問7　脂腺の発育は、女性ホルモンの刺激によるものである。

問8　経皮吸収には、真皮経路と皮膚付属器官経路の2種類がある。

問9　皮膚は高い再生能力をもつが、表皮の基底細胞が残っておらず、真皮の結合組織が深く損傷されれば、瘢痕（傷跡）が残ることになる。

問10　爪は、爪母の一部が侵されたとしても、他の部分が残っていれば変形することなくすべて再生する。

答1

✕

皮膚は、日光に含まれる<u>紫外線</u>が内部まで達しないように、<u>紫外線</u>を吸収、散乱させて身体を保護している。

....

答2

○

この皮膚の表面にある膜を脂肪膜（<u>皮脂膜</u>）といい、<u>弱酸性</u>で、<u>化学的刺激</u>から皮膚を保護し、細菌の発育を抑制する。

....

答3

✕

化学的刺激から皮膚を保護する作用があるのは、<u>脂肪膜</u>と<u>角質層のケラチン</u>である。

....

答4

✕

皮脂中の脂肪酸は<u>弱酸性</u>で、一部の<u>細菌</u>や<u>白癬菌（真菌）</u>の発育を抑制する。

....

答5

✕

皮膚で体温調節作用を積極的に行っているのは、<u>毛細血管</u>と<u>汗腺</u>である。

....

答6

✕

皮脂は、<u>脂腺</u>の細胞が脂肪化して、皮膚表面に分泌されたものである。

....

答7

✕

脂腺の発育は、<u>男性ホルモン</u>の刺激によるものである。

....

答8

✕

経皮吸収には、<u>表皮経路</u>と<u>皮膚付属器官経路</u>の2種類がある。

....

答9

○

皮膚は再生能力が極めて高い部位だが、<u>表皮</u>の<u>基底細胞</u>が残っておらず、<u>真皮</u>の<u>結合組織</u>が深く損傷されれた場合は、瘢痕が残ってしまう。

....

答10

✕

爪は、<u>爪母</u>の一部が侵されると、他の部分が残っていたとしても、その部分は<u>変形</u>したり<u>再生不可能</u>となる。

問1 皮膚の真の栄養は、皮膚の表面から高価なクリームなどによって与えられる。

問2 腎臓が悪いと、皮膚が黄色くなる。

問3 糖尿病にかかると、免疫が低下し、真菌による感染症にかかりやすくなる。

問4 歳をとるにつれ、皮膚の分泌作用と新陳代謝は高まる。

問5 敏感肌は、毛孔や汗孔に汚れがたまりやすく、ニキビになりやすい。

問6 思春期になると、脂腺のはたらきが活発となり、皮脂の分泌が増加する。

問7 乾性のふけ性の人は、ふけをよく落とすためによくシャンプーすることが大切である。

問8 紫外線対策には、紫外線を吸収または集中させるサンスクリーン剤を使うとよい。

問9 毛は、皮下脂肪でつくられる脂肪によって、その水分が余分に失われることを防いで、光沢としなやかさを保っている。

問10 深爪は、爪床や指先の炎症を引き起こすおそれがある。

答1 ✕
皮膚の真の栄養は、体の内側から血液などによって供給される。

答2 ✕
肝臓に障害が起こると黄疸が出て、皮膚が黄色くなる。腎臓が悪くなると皮膚がむくんで張りを失う。

答3 ◯
糖尿病にかかると、免疫が低下し皮膚の抵抗力も弱まるため、化膿菌や真菌による感染症にかかりやすくなる。

答4 ✕
歳をとるにつれ、皮膚の分泌作用と新陳代謝は低下する。

答5 ✕
皮脂の分泌が過剰なあぶら性の肌は、毛孔などに汚れがたまり、ニキビになりやすい。

答6 ◯
思春期になると、男性ホルモンが増加することで、脂腺のはたらきが活発となり、皮脂の分泌が増加する。高齢になると減少する。

答7 ✕
乾性のふけ性の人は、シャンプーしすぎないことが大切である。脂性のふけ症の人は、よくシャンプーをしてふけや汚れを落とす。

答8 ✕
紫外線対策には、サンスクリーン剤を使うとよいが、サンスクリーン剤には紫外線を吸収するものと散乱させるものがある。

答9 ✕
毛は、脂腺から分泌される皮脂によって、その水分が余分に失われることを防いで、光沢としなやかさを保っている。

答10 ◯
爪床とは、爪甲の裏側にある、薄ピンク色の皮膚に密着している部分である。深爪によって、この爪床や指先に炎症が起こることがある。

問1 接触性皮膚炎では、原因物質の濃度を薄めても効果はない。

問2 かぶれの原因を見つけるためには、再度その物質を使用することが確かな方法である。

問3 酸化染毛剤の中では、パラアミノフェノールが最もかぶれを起こしやすい。

問4 脂漏性皮膚炎は、真菌の一種を原因とする。

問5 尋常性痤瘡（ざそう）（ニキビ）は、胸、背中など脂肪が多い場所にできやすい。

問6 尋常性痤瘡（ニキビ）は、毛包（もうほう）に真菌が増加して起こる疾患である。

問7 伝染性膿痂疹（のうかしん）（トビヒ）は、成人がかかりやすく、真皮が化膿菌（かのう）に侵されて起こる。

問8 単純性疱疹（ほうしん）（単純性ヘルペス）は、口唇（こうしん）やその周囲にできやすく、ウイルスが原因である。

問9 青年性扁平疣贅（へんぺいゆうぜい）（扁平イボ）は、額や頬（ほほ）、手背にできやすく、真菌を原因とする。

問10 頭部白癬（はくせん）（シラクモ）は、小児にできやすく、真菌の一種を原因とする。

答1 ○
接触性皮膚炎では、原因物質の濃度を薄めてもあまり効果はないので、症状を抑えるには、使用をやめる必要がある。

答2 ×
かぶれの原因を見つけるためには、パッチテストが有用であり、確実な方法とされている。原因が判明したら、再びその物質には触れない。

答3 ×
酸化染毛剤の中で最もかぶれを起こしやすいのは、黒褐色に染めるパラフェニレンジアミンである。

答4 ○
脂漏性皮膚炎は、真菌の一種で、あぶらを好むマラセチア菌によって引き起こされる。黄色っぽい紅斑と落屑を生じる。

答5 ×
尋常性痤瘡（ニキビ）は、胸や背中、顔などにできやすいが、それらは「脂肪が多い場所」だからではなく、「脂腺が多い場所」だからである。

答6 ○
尋常性痤瘡（ニキビ）は、毛包にアクネ桿菌やブドウ球菌、真菌が増加して起こる疾患である。

答7 ×
伝染性膿痂疹（トビヒ）は、小児がかかりやすく、表皮が化膿菌に侵されて起こる。

答8 ○
単純性疱疹（単純性ヘルペス）は、感冒や発熱の際に口唇やその周囲にできやすく、単純性疱疹ウイルスというウイルスが原因である。

答9 ×
青年性扁平疣贅（扁平イボ）は、額や頬、手背にできやすく、ヒト乳頭腫ウイルスというウイルスを原因とする。

答10 ○
頭部白癬（シラクモ）は、小学生くらいの小児にできやすく、真菌の一種である白癬菌を原因とする。

1 香粧品化学①

問1

メタノールは、化粧品への配合が禁止されている。

問2

油脂は、脂肪酸とスクワレンのエステルである。

問3

パラフィン、ワセリンは炭化水素に分類され、鉱物油ともいわれる。

問4

高級アルコールとは炭素数の多いアルコールのことをいうが、セタノールはその高級アルコールに分類される。

問5

ロウ類は、高級脂肪酸とシリコーンのエステルである。

問6

界面活性剤は、臨界ミセル濃度（cmc）以上になると洗浄力が上がり、可溶化能力が下がる。

問7

石けんは両性界面活性剤であり、水に溶かすと親水基が酸性水溶液では正電気を帯びる。

問8

非イオン界面活性剤は、乳化力や可溶化力が高く、クリームなどの乳化剤によく用いられる。

問9

O/W型エマルジョンでは、水相に油滴が分散している。

問10

毛髪に対して帯電防止効果がある界面活性剤として代表的なのは、陰イオン界面活性剤の第四級アンモニウム塩である。

答1 ⭕
メタノールはアルコールの一種だが、強毒性ゆえ化粧品配合が禁止されている。化粧品配合されるアルコールの代表はエタノールである。

答2 ❌
油脂は、脂肪酸とグリセリンのエステル（化合物）である。スクワレンは肝油のことで、動物油脂の一つである。

答3 ⭕
炭化水素は固形なので、口紅やクリームによく配合される。なお、炭化水素には動植物由来のスクワランなどもある。

答4 ⭕
「高級」とは炭素数が多いことをいい、高級脂肪酸もこれに当たる。セタノールは別名セチルアルコールであることを覚えておこう。

答5 ❌
ロウ類は、高級脂肪酸と高級アルコールのエステル（化合物）である。シリコーンは撥水性のある有機化合物である。

答6 ❌
界面活性剤は、臨界ミセル濃度（cmc）以上になると乳化を始め、洗浄力・可溶化能力ともに高くなる。

答7 ❌
石けんは陰イオン界面活性剤である。両性界面活性剤が、水に溶かすと親水基が酸性水溶液では正電気を帯びる。

答8 ⭕
非イオン界面活性剤は乳化剤のほか、化粧水にビタミン類を溶解させる可溶化剤としても使われる。

答9 ⭕
O/W型エマルジョンでは、水相に油滴が分散し、W/O型エマルジョンでは、油相に水滴が分散している。

答10 ❌
帯電防止効果のある界面活性剤である第四級アンモニウム塩は、陽イオン界面活性剤である。

219

2 香粧品化学②

問1
天然高分子化合物のうち、アラビアゴム、キトサンは植物から、コラーゲン、エラスチンは動物から採取される。

問2
ニトロセルロースは、皮膜形成剤として使われる合成高分子化合物である。

問3
ポリビニルアルコール（PVA）、ポリビニルピロリドン（PVP）はともに皮膜形成力のある合成高分子化合物である。

問4
カーボンブラックはタール色素である。

問5
酸化チタンは白色顔料、雲母チタンは光輝性顔料（パール顔料）である。

問6
β-カロチンは無機顔料である。

問7
パラオキシ安息香酸エステル（パラベン）は、防腐剤として使用される。

問8
ヒアルロン酸ナトリウムは、紫外線吸収剤として使用される。

問9
クエン酸は、収れん剤として使われる。

問10
システインはアミノ酸の一種であり、育毛剤に配合されることが多い。

答1 ✕
キトサンは甲殻類（カニやエビ）の殻に多く含まれる動物由来の天然高分子化合物である。

答2 ✕
ニトロセルロースはセルロース（食物繊維の一種）をニトロ化した半合成高分子化合物である。

答3 ◯
ポリビニルアルコール（PVA）はパック基剤、ポリビニルピロリドン（PVP）はヘアスタイリング剤の皮膜形成剤に使われる。

答4 ✕
カーボンブラックは着色顔料である。タール色素は法定色素ともいわれるいわゆる合成着色料のことで、赤色102号、黄色4号などがある。

答5 ◯
白色顔料には他に酸化亜鉛、カオリンなどがある。

答6 ✕
β−カロチンは、にんじんや柑橘類から抽出される天然色素である。無機顔料は鉱物性顔料ともいい、着色顔料や白色顔料がこれに当たる。

答7 ◯
パラオキシ安息香酸エステル（パラベン）は安全性が高いことから、香粧品のみならず食品の防腐剤としてもよく使われている。

答8 ✕
ヒアルロン酸ナトリウムは、保湿剤として使用される。紫外線吸収剤として使用される代表的なものに、ベンゾフェノン誘導体がある。

答9 ◯
クエン酸には収れん作用のほか、皮膚を弱酸性に保って常在細菌の増殖を抑制するはたらきがある。

答10 ◯
育毛剤に配合されるアミノ酸には他に、セリン、ロイシンなどがある。

4

香粧品化学②

3 香粧品化学③

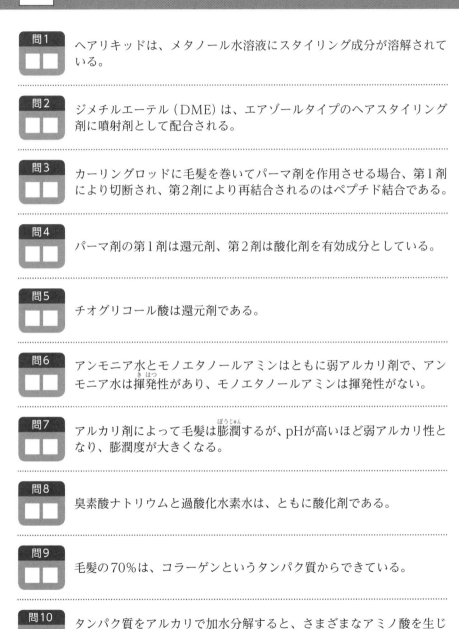

問1 ヘアリキッドは、メタノール水溶液にスタイリング成分が溶解されている。

問2 ジメチルエーテル（DME）は、エアゾールタイプのヘアスタイリング剤に噴射剤として配合される。

問3 カーリングロッドに毛髪を巻いてパーマ剤を作用させる場合、第1剤により切断され、第2剤により再結合されるのはペプチド結合である。

問4 パーマ剤の第1剤は還元剤、第2剤は酸化剤を有効成分としている。

問5 チオグリコール酸は還元剤である。

問6 アンモニア水とモノエタノールアミンはともに弱アルカリ剤で、アンモニア水は揮発性があり、モノエタノールアミンは揮発性がない。

問7 アルカリ剤によって毛髪は膨潤するが、pHが高いほど弱アルカリ性となり、膨潤度が大きくなる。

問8 臭素酸ナトリウムと過酸化水素水は、ともに酸化剤である。

問9 毛髪の70%は、コラーゲンというタンパク質からできている。

問10 タンパク質をアルカリで加水分解すると、さまざまなアミノ酸を生じる。

答1 ✕
エタノール水溶液が正しい。香粧品への配合が法律上禁止されている<u>メタノール</u>と混同しないようにすること。

答2 ○
他に噴射剤として配合される成分に<u>液化石油ガス（LPG）</u>が挙げられる。フロンガスは法律の規制により<u>配合されない</u>。

答3 ✕
「ペプチド結合」ではなく「シスチン結合」である。ペプチド結合は<u>アミノ酸</u>同士の結合、シスチン結合は<u>ポリペプチド鎖</u>間の結合をいう。

答4 ○
酸素を与えて<u>水素（−H）</u>を奪う作用がある成分を<u>酸化剤</u>といい、逆に酸素を奪って<u>水素</u>を与える作用がある成分を<u>還元剤</u>という。

答5 ○
チオグリコール酸は還元剤（第1剤）である。ほかに還元剤で使われる成分に<u>システイン</u>がある。

答6 ✕
「弱アルカリ剤」ではなく「<u>強アルカリ剤</u>」である。毛髪はこのアルカリ剤によって<u>イオン結合</u>が切断される。

答7 ✕
pHが高いほど「<u>強アルカリ性</u>」となる。膨潤度が大きくなるほど<u>還元剤</u>（第1剤）が毛髪へ浸透しやすくなる。

答8 ○
臭素酸ナトリウムと過酸化水素水は<u>酸化剤</u>（第2剤）の成分である。過酸化水素水の方が臭素酸ナトリウムと比べて<u>酸化力</u>が強い。

答9 ✕
毛髪の<u>80〜90</u>％は、<u>ケラチン</u>という<u>タンパク質</u>からできている。

答10 ✕
「アルカリ」ではなく「<u>酸</u>」である。タンパク質が<u>アミノ酸</u>からできていることを化学的に表現したものである。

4
香粧品化学③

4 香粧品化学④

問1 ケラチンは、タンパク質同士が強く結びついた繊維状の硬タンパク質である。

問2 アミノ酸の結合体であるポリペプチド鎖間の架橋構造を構成する結合には、強い方から順に、シスチン結合、イオン結合、水素結合がある。

問3 イオン結合は共有結合である。

問4 シスチン結合はシステイン（−S）間の結合である。

問5 コラーゲンタンパク質にはシスチンが含まれる。

問6 寝ぐせは、シスチン結合の切断と再集合によって生じる。

問7 ヘアマニキュアは、シスチン結合を利用した染毛方法である。

問8 法律上、一時染毛料は化粧品に分類され、1回のシャンプーで洗い流すことが可能である。

問9 酸性染毛料は半永久染毛料の一つである。

問10 酸性染毛料も酸化染毛剤も、ともに脱色効果がある。

答1 ⭕
毛髪や爪がこの硬タンパク質で、水分を含み、弾力性がある。

答2 ⭕
ポリペプチド鎖間の結合には水素結合、イオン結合、シスチン結合があるが、結合は水素結合が最も弱く、シスチン結合が一番強い。

答3 ❌
共有結合なのはシスチン結合である。イオン結合は金属元素と非金属元素の結合、共有結合は非金属元素同士の結合という違いがある。

答4 ⭕
シスチン結合はシステイン（－S）という硫黄成分間の結合である。

答5 ❌
シスチンを含んでいるのはコラーゲンタンパク質ではなくケラチンタンパク質であり、シスチンを14〜18%も含んでいるのが特徴。

答6 ❌
「シスチン結合」ではなく「水素結合」である。寝ぐせは極めて弱い結びつきである水素結合の切断と再集合によって生じる。

答7 ❌
ヘアマニキュア（酸性染料）は水に溶かすと陰（－）イオンを帯び、酸性化した毛髪内のケラチンの陽（＋）イオンとイオン結合する。

答8 ⭕
なお、半永久染毛料も化粧品、永久染毛剤は医薬部外品に分類される。

答9 ⭕
酸性染毛料はヘアマニキュアともいい、半永久染毛料の一つである。

答10 ❌
酸化染毛剤には脱色効果があるが、酸性染毛料には脱色効果はない。酸性染毛料はイオン結合によって染料を毛髪内にとどまらせている。

4

香粧品化学④

225

5 香粧品化学⑤

問1 酸化染毛剤は、2時間前にパッチテストを行う必要がある。

問2 酸化染毛剤の第1剤に含まれる染料中間体は本来無色であるが、過酸化水素水によって酸化されて発色する。

問3 パラフェニレンジアミンはカップラー（調色剤）で、染料中間体による発色の色調を整える。

問4 酸化染毛剤の第2剤に含まれる過酸化水素水は、第1剤のアルカリ剤の影響によって、毛髪のメラニンを分解し、脱色するはたらきがある。

問5 エストロンもフィナステリドも、配合される育毛剤はともに医薬品となる。

問6 香水の香りは、香料の発散によって3段階に分けられるが、うわだちとは最初の5〜10分ににおうものをいう。

問7 パフュームコロン、オードトワレ、オーデコロンの順に香料の配合量が多い。

問8 紫外線による急性の炎症をサンタンといい、SPFはその防御指標である。

問9 UV-A（長波長紫外線）は、メラニン色素を増加させて肌の色を黒くする。

問10 サンスクリーン製品は、サンタンとサンバーンを両方とも防ぐ。

答1 ✕　酸化染毛剤にはパッチテストが義務付けられているが、パッチテストはカラーの<u>48</u>時間前に行うものとされている。

答2 ◯　酸化染毛剤の第1剤に含まれる染料中間体は本来<u>無色</u>であるが、第2剤の<u>酸化剤</u>である<u>過酸化水素水</u>によって酸化されて<u>発色</u>する。

答3 ✕　パラフェニレンジアミンは<u>染料中間体</u>である。カップラー（調色剤）には<u>レゾルシン</u>などがある。

答4 ◯　酸化染毛剤は「<u>脱色剤</u>＋染料」という組成になっている。問題文は、その<u>脱色剤</u>の作用に関する説明である。

答5 ✕　<u>フィナステリド</u>が配合される育毛剤は医薬品となるが、<u>エストロン</u>は医薬品とならない。医薬品となる成分には他に<u>ミノキシジル</u>がある。

答6 ◯　香水の香りは、香料の発散によって3段階に分けられ、①<u>うわだち</u>→②<u>中だち</u>→③<u>あと残り</u>と変化していく。

答7 ◯　香料の配合量（賦香率）は、パフュームコロンは<u>10</u>～<u>15</u>％、オードトワレは<u>5</u>～<u>10</u>％、オーデコロンは<u>3</u>～<u>5</u>％である。

答8 ✕　紫外線による急性の炎症は<u>サンバーン</u>であるから誤り。サンタンは肌を黒くするものである。なお、SPFは<u>サンバーン</u>の防御指標である。

答9 ◯　一方、UV-B（<u>中波長</u>紫外線）は肌に急性の炎症を起こして、紅斑を生じさせる。

答10 ◯　サンスクリーン製品は、UV-A（<u>長波長</u>紫外線）とUV-B（<u>中波長</u>紫外線）を防御して、<u>サンタンとサンバーン</u>を両方とも防ぐ。

4

香粧品化学⑤

1 文化論①

問1
丸刈やチャン刈は、明治時代にクリッパーが国内に持ち込まれたことで生まれた新しい切り方である。

問2
女性の髪形で、西洋髪と日本髪が混在していたのは明治時代までである。

問3
まがれいとは、西洋髪の一つである。

問4
女性のショートカット（断髪）は第二次世界大戦後、日本にとり入れられた髪型である。

問5
オールバック、ハーフロング、リーゼントはすべて大正時代に流行した男性の髪型である。

問6
戦前のリーゼントの流行はイギリス文化、戦後のリーゼントの流行はアメリカ文化の、それぞれ影響を受けている。

問7
フェザーカールともいわれる、短くカットされた髪にする軽いカールは、ホットパーマネントウェーブの流入によって可能となった。

問8
セシールカット、ウルフカット、サーファーカットはすべて1970年代に登場したヘアスタイルである。

問9
マッシュルームカットは、戦後1950年代の若者文化を象徴するヘアスタイルである。

問10
セシールカット、ポニーテール、ヘップバーンカットはすべて映画の影響により登場したヘアスタイルである。

答1 ○ クリッパーとはバリカンのことで、明治時代に西洋理髪鋏と同様に国内に持ち込まれ、丸刈やチャン刈など新しい切り方が生まれた。

答2 × 日本髪は、大正時代〜第二次世界大戦終戦まで残っていた。

答3 ○ まがれいとは西洋上げ巻き、西洋下げ巻き、イギリス結びなどとともに明治時代に広がった西洋髪のスタイルの一つである。

答4 × ショートカットは、明治初頭の断髪令時や大正時代のモダンガールでも行われた。社会全体から受容されたのは昭和以降である。

答5 × オールバック、ハーフロングは大正時代に流行した男性の髪型だが、リーゼントは昭和時代、パーマネントの導入時や戦後の流行である。

答6 ○ 男性の髪型の一つであるリーゼントの流行は昭和時代に2回あるが、戦前はイギリス文化、戦後はアメリカ文化の影響という違いがある。

答7 × 「ホットパーマネントウェーブ」ではなく「コールドパーマネントウェーブ」である。戦後まず女性の間で流行したのがこの髪型である。

答8 × セシールカットは1950年代後半に登場したヘアスタイルである。

答9 × マッシュルームカットは1960年代にビートルズの影響により登場した。1950年代の若者文化は慎太郎刈に象徴される。

答10 ○ セシールカットは『悲しみよこんにちは』、ポニーテールは『月蒼くして』、ヘップバーンカットは『ローマの休日』の影響である。

5

文化論①

229

2 文化論②

問1 明治時代には、会社員にも背広が広まっていた。

問2 明治時代の女性の洋装は男性ほど一般的ではなく、海老茶袴（えびちゃばかま）が流行していた。

問3 大正時代は、職業婦人の制服として洋服が採用され始め、バスガールの制服はその代表であった。

問4 大正時代、女性の間で、夏の簡易服であるサックドレスが流行した。

問5 女性下着ズロースが普及（ふきゅう）し始めたのは、昭和の時代に入ってからである。

問6 戦後間もなく、ニュールックの登場とともに女性たちの間で流行したのがミニスカートである。

問7 サックドレスは、1940年代後半に多くのデザイナーがパリコレで採用したことで世界的に流行したファッションである。

問8 1960年代に登場したピーコック革命は、男性ファッションをダークな色調に統一することでモダン化を進めるものであった。

問9 背が低い日本人にも似合うとして1960年代後半に流行したミニスカートは、パンプスの流行も同時に促した。

問10 日本におけるフィフティーズとは、1950年代に流行したスタイルである。

答1 ✕
明治時代において洋服はステータスシンボルであり、背広を着用しているのは政府高官や大学教官などの<u>エリート層</u>に限られていた。

答2 ○
明治時代の女性の洋装は、鹿鳴館での<u>バッスルドレス</u>など男性以上に限定的で、女学生には<u>海老茶袴</u>が流行するなど和装中心だった。

答3 ○
大正時代になると男性会社員の<u>背広</u>や<u>職業婦人</u>の制服として洋服が採用され始め、<u>バスガール</u>はその代表であった。

答4 ✕
大正時代、女性の間で流行した夏の簡易服は<u>アッパッパ</u>である。<u>サックドレス</u>はアッパッパとよく似た形で、<u>1950</u>年代後半に流行した。

答5 ○
女性下着<u>ズロース</u>は、1932年白木屋百貨店の火災を契機に普及したといわれている。

答6 ✕
戦後間もなく、<u>ニュールック</u>の登場とともに女性たちの間で流行したのは膝下より長い<u>ロングスカート</u>である。

答7 ✕
<u>サックドレス</u>は、<u>1950</u>年代後半に<u>パリコレ</u>での採用を契機に大流行した。

答8 ✕
<u>ピーコック革命</u>は、黒やグレーなどダークな色調の男性ファッションを孔雀のオスのように<u>カラフル</u>化するという発想であった。

答9 ✕
ミニスカートの流行と同時に起こった足元の流行は<u>ブーツ</u>である。<u>ブーツ</u>によって下半身の露出が緩和されるという利点があった。

答10 ✕
日本における<u>フィフティーズ</u>は<u>1970</u>年代後半に流行した。<u>1950</u>年代のアメリカで、若者に流行したストリートファッションである。

5

文化論②

3 文化論③

問1
男性の洋装における夜の正式礼装は、タキシードである。

問2
男性のモーニングコートに対応する女性の礼装は、ローブデコルテである。

問3
女性のディナードレスに対応する男性の礼装は、メスジャケットである。

問4
花嫁の礼装は、小袖(こそで)の上に打掛(うちかけ)を重ねたものである。

問5
花嫁衣装において、小袖のことを長着あるいは付け下げと呼ぶことがある。

問6
江戸時代の花嫁衣装は黒振袖(ふりそで)が一般的であった。

問7
花嫁衣装における小袖の身丈は、引き裾(すそ)となる丈である。

問8
花嫁衣装における色直しは大振袖二枚重ねが正式であるが、現在は中振袖を着用する場合もある。

問9
振袖は未婚女性、留袖は既婚女性のみが着用する礼装である。

問10
男性の和装礼装は黒の紋付き羽織袴(はおりはかま)であるが、これは既婚・未婚、慶弔いずれの区別もなく着用可能である。

答1 ✕
男性の洋装における夜の正式礼装は、燕尾服(ホワイトタイ)である。タキシード(ブラックタイ)は夜の略式礼装である。

答2 ✕
モーニングコートは男性の昼の正式礼装であり、対応する女性の礼装はローブモンタントとなる。ローブデコルテは夜の正式礼装である。

答3 ○
ディナードレス、メスジャケットともに夜の略式礼装である。なお、現在、メスジャケットはウェイターが着用することが多い。

答4 ○
その起源は、桃山時代の上級武家夫人の正装であるといわれている。

答5 ✕
花嫁衣装において、打掛の下に着る小袖のことを長着、掛下あるいは間着と呼ぶことがある。

答6 ✕
「江戸時代」ではなく「明治時代」である。黒振袖は、黒縮緬五つ紋付き裾模様の振袖の下に白羽二重の下着を重ねた花嫁衣装である。

答7 ○
引き裾とは、引きずるくらい長い丈のこと。花嫁衣装ではおはしょり(裾が汚れないよう腰辺りで紐ではしょること)なしの長さで着る。

答8 ○
大振袖に抱え帯あるいはしごき帯を着用する。現在では、大振袖よりも袖丈が短い中振袖を着用する場合もある。

答9 ✕
振袖は未婚女性の礼装であり、留袖のうち黒留袖は既婚女性の礼装であるが、黒地以外の色留袖は既婚未婚問わず着用できる礼装である。

答10 ○
袴には仙台平(グレーの縞地)を着用する。既婚、未婚、慶弔区別なく、結婚式、成人式、卒業式など幅広く着用される。

5 文化論③

233

4 美容技術理論①

問1
ワインディング技術は、お客様の頭部が技術者の心臓の高さとなるように椅子の高さを調整する。

問2
頭部の生え際をフロントライン、鬢の生え際をサイドライン、デザインによってできた毛髪と顔や首との境をヘムラインという。

問3
トップポイントとは正中線上にある頭部の頂点、ネープポイントとは正中線と襟足が交差した部分をそれぞれいう。

問4
ゴールデンポイントは正中線上でトップポイントを通る水平線とバックポイントを通る垂直線の交点から頭皮へ直角に下ろした点である。

問5
タービネートタイプのヘアドライヤーは、毛髪に直接風を吹き付けて乾かす構造である。

問6
コームの歯元は、コームの目に入った毛髪を一線にそろえる役目を果たす。

問7
コームの歯先は、毛髪を垂直に立てて両側から支えてそろえる役目を果たす。

問8
ブラッシング用のヘアブラシは、ある程度硬くて弾力のあるものが良い。

問9
ブラシのお手入れでは、洗浄後のブラシは毛を下にして乾かす。

問10
シザーズにおいては、小指掛のあるなしにかかわらず母指で操作するほうが動刃である。

答1 ⭕
施術の正しい作業点は、①施術箇所に正対し、②心臓の高さとされている。作業ごとに椅子を調整して正しい作業点に入る必要がある。

答2 ❌
頭部の生え際は「ヘアライン」である。額の生え際を「フロントライン」という。

答3 ⭕
なお、バックポイントとは正中線上で後頭部の最凸部分をいう。

答4 ⭕
なお、フロントポイントとは、前頭部の生え際と正中線の交点、イヤーポイントとは耳の付け根の上の部分をいう。

答5 ❌
毛髪に直接風を吹き付けるのはブロータイプのヘアドライヤーである。タービネートタイプは、風の循環と旋回を利用して風を送り出す。

答6 ⭕
なお、胴はコーム全体の支えであり、バランスをとる役目をしている。

答7 ❌
「歯先」ではなく「歯」の説明である。歯先は、頭皮に接して毛髪を引き起こす役目をしている。

答8 ⭕
ブラッシングに使うヘアブラシは、やわらかすぎると頭皮まで通らないので、ある程度の硬さと弾力があった方がよい。

答9 ⭕
毛を上にしておくと、毛の根元に水が浸透して、ブラシの劣化を招くおそれがある。

答10 ⭕
これに対し、薬指孔や、小指掛がある方の刃を静刃という。

5
美容技術理論①

5 美容技術理論②

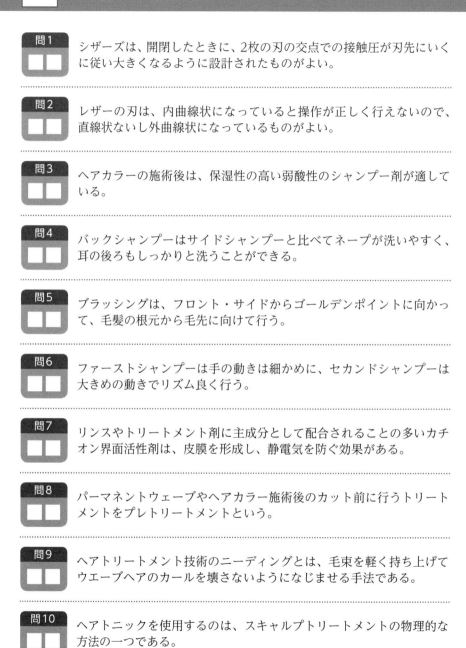

問1　シザーズは、開閉したときに、2枚の刃の交点での接触圧が刃先にいくに従い大きくなるように設計されたものがよい。

問2　レザーの刃は、内曲線状になっていると操作が正しく行えないので、直線状ないし外曲線状になっているものがよい。

問3　ヘアカラーの施術後は、保湿性の高い弱酸性のシャンプー剤が適している。

問4　バックシャンプーはサイドシャンプーと比べてネープが洗いやすく、耳の後ろもしっかりと洗うことができる。

問5　ブラッシングは、フロント・サイドからゴールデンポイントに向かって、毛髪の根元から毛先に向けて行う。

問6　ファーストシャンプーは手の動きは細かめに、セカンドシャンプーは大きめの動きでリズム良く行う。

問7　リンスやトリートメント剤に主成分として配合されることの多いカチオン界面活性剤は、皮膜を形成し、静電気を防ぐ効果がある。

問8　パーマネントウェーブやヘアカラー施術後のカット前に行うトリートメントをプレトリートメントという。

問9　ヘアトリートメント技術のニーディングとは、毛束を軽く持ち上げてウエーブヘアのカールを壊さないようになじませる手法である。

問10　ヘアトニックを使用するのは、スキャルプトリートメントの物理的な方法の一つである。

答1 ✕
シザーズは、開閉したときに、2枚の刃の交点での接触圧が<u>均等</u>であるものがよい。

答2 〇
<u>内曲線状</u>になっていると毛髪を切る場合に<u>力配分</u>が均等にならない。なお、替刃のレザーの刃については<u>直線状</u>のものが多い。

答3 〇
ヘアカラーの施術後は、毛髪がアルカリ性に寄っているため、<u>pH</u>を整えて保湿性の高い<u>弱酸性</u>のシャンプー剤が適している。

答4 ✕
客やシャンプーボウルの<u>後ろ</u>に立つバックシャンプーは<u>ネープ</u>が洗いやすく、<u>両手</u>で洗うことができる一方、<u>耳の後ろ</u>を洗い残しやすい。

答5 〇
なお、ブラッシングの目的は毛髪の汚れの除去、<u>マッサージ効果</u>による頭皮の<u>新陳代謝</u>促進、毛髪のツヤ出しである。

答6 ✕
ファーストシャンプーは<u>大きめ</u>の動きであまり時間をかけずに、セカンドシャンプーは手の動きは<u>細かめ</u>に行う。

答7 〇
なお、リンス等に配合される成分としては、他に<u>タンパク質加水分解物（ポリペプチド）</u>やジンクピリチオンなどがある。

答8 ✕
<u>プレトリートメント</u>とは、パーマネントウェーブやヘアカラー施術<u>前</u>に行い、作用が<u>働きすぎる</u>ことを防止し、毛髪を保護するものである。

答9 ✕
問題文は、ヘアトリートメント技術のうち<u>スクランチ</u>の説明である。ニーディングは、<u>手掌</u>内で<u>包み込む</u>ようにもみ込む方法である。

答10 ✕
ヘアトニックを使用するのは、スキャルプトリートメントの<u>化学的</u>方法である。物理的方法には<u>スキャルプマッサージ</u>等がある。

5

美容技術理論②

6 美容技術理論③

問1
マッサージの基本手技の打法のうちタッピングとは、指の掌面を使って頭をはじくように叩打（こうだ）する手法である。

問2
マッサージの基本手技のうちカッピングとは、両手の指の間を開けて手掌（しゅしょう）の外側で交互に軽く叩打する手法である。

問3
ヘアカッティングの際、左上がりのラインを切る場合には左肘を上げるようにする。

問4
ヘアカッティングのブロッキングで、基礎分割線で左右の耳の上を縦に結び頭部を前後2分割した線をイヤーツーイヤーラインという。

問5
ヘアカッティングのブロッキングで、頭部を左右に2分割する線を正中線（せいちゅうせん）という。

問6
ヘアカッティングの際にパネルをシェープする角度のうち、オンベースとは頭皮に対して90°で引くことをいう。

問7
パネルを左に集めて切った場合には、右に向けてだんだんと長くなっていくカットラインになる。

問8
同じ長さのパネルで比べると、パネル幅が狭いほうがカットラインの誤差が大きくなる。

問9
同じ幅のパネルで比べると、パネルが短いほうがカットラインの誤差が大きくなる。

問10
ワンレングスカットは上層にいくほど毛髪が長くなり、カットラインは水平になるのが基本である。

答1 ○　なお、こぶしで叩打する手法は<u>ビーティング</u>という。

答2 ×　カッピングは手掌を<u>カップ状</u>に<u>くぼませて</u>手の甲でリズムよく叩打する手法をいう。問題文は<u>ハッキング</u>の説明である。

答3 ○　ヘアカッティングの際に肘の位置は<u>カットライン</u>に合わせる必要がある。問題文と逆に左下がりに切る場合には<u>右肘を上げる</u>。

答4 ○　別名、<u>側垂直線</u>ともいう。なお、左右の耳上部を横に結んで頭部を上下2分割する線を<u>側水平線</u>という。

答5 ○　ブロッキングは、頭部の<u>基礎分割線</u>とゴールデンポイントをはじめとした頭部の<u>6</u>つのポイントを基準として行う。

答6 ○　なお、頭皮に対して90°以上で引くことを<u>アップステム</u>、90°以下で引くことを<u>ダウンステム</u>という。

答7 ○　反対に、パネルを右に集めて切った場合には、<u>左</u>に向けてだんだんと<u>長く</u>なっていくカットラインになる。

答8 ×　同じ長さのパネルで比べると、パネル幅が<u>広い</u>ほうがカットラインの誤差が<u>大きく</u>なる。

答9 ○　したがって厳密なカットラインが要求される場合にはパネル幅は<u>狭く</u>、パネルは<u>長く</u>とるようにする。

答10 ○　基本の<u>水平</u>ラインのほか、前が長い<u>前下がり</u>ラインや後ろが長い<u>後ろ下がり</u>ラインといったバリエーションもある。

5

美容技術理論③

239

7 美容技術理論④

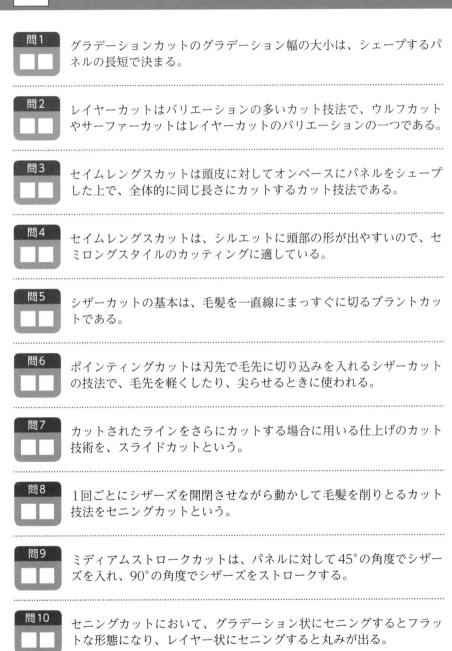

問1 グラデーションカットのグラデーション幅の大小は、シェープするパネルの長短で決まる。

問2 レイヤーカットはバリエーションの多いカット技法で、ウルフカットやサーファーカットはレイヤーカットのバリエーションの一つである。

問3 セイムレングスカットは頭皮に対してオンベースにパネルをシェープした上で、全体的に同じ長さにカットするカット技法である。

問4 セイムレングスカットは、シルエットに頭部の形が出やすいので、セミロングスタイルのカッティングに適している。

問5 シザーカットの基本は、毛髪を一直線にまっすぐに切るブラントカットである。

問6 ポインティングカットは刃先で毛先に切り込みを入れるシザーカットの技法で、毛先を軽くしたり、尖らせるときに使われる。

問7 カットされたラインをさらにカットする場合に用いる仕上げのカット技術を、スライドカットという。

問8 1回ごとにシザーズを開閉させながら動かして毛髪を削りとるカット技法をセニングカットという。

問9 ミディアムストロークカットは、パネルに対して45°の角度でシザーズを入れ、90°の角度でシザーズをストロークする。

問10 セニングカットにおいて、グラデーション状にセニングするとフラットな形態になり、レイヤー状にセニングすると丸みが出る。

答1
✕

グラデーションカットのグラデーション幅の大小は、シェープするパネルの**角度**の大小で決まる。

答2
○

レイヤーカットは別名**段カット**と呼ばれ、下層のほうが上層より**長い**、長さの**異なる**毛髪層を**重ね**ていくカット技法である。

答3
○

オンベースとは**直角**（90°）のことである。なお、セイムレングスとは**同じ長さ**という意味である。

答4
✕

セイムレングスカットは、シルエットに頭部の形が**出**やすいので、**ショート**スタイルのカッティングによく用いられる。

答5
○

シザーズによるカッティングでは**ブラント**カットを基本に、目的と必要性に応じてカット技法を選択する。

答6
○

なお、ポイントとは**毛先**を意味する。

答7
✕

スライドカットはシザーズを**開閉**させすべらせながら**カット**する技法で、長さなどの**調整**に使う。問題文は**トリミング**カットの説明。

答8
✕

セニングカットは、間引きするように毛量を調節する技法である。問題文は**ストローク**カットの説明である。

答9
○

ミディアムストロークカットは自然な**軽さ**と**動き**が出るカット技法である。

答10
✕

セニングカットにおいて、グラデーション状にセニングすると**丸み**が出て、レイヤー状にセニングすると**フラット**な形態になる。

5

美容技術理論④

241

8 美容技術理論⑤

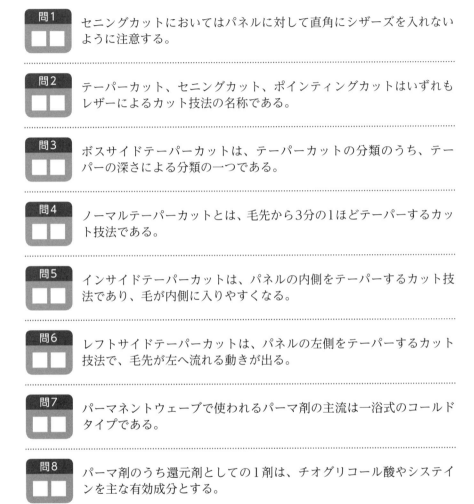

問1 セニングカットにおいてはパネルに対して直角にシザーズを入れないように注意する。

問2 テーパーカット、セニングカット、ポインティングカットはいずれもレザーによるカット技法の名称である。

問3 ボスサイドテーパーカットは、テーパーカットの分類のうち、テーパーの深さによる分類の一つである。

問4 ノーマルテーパーカットとは、毛先から3分の1ほどテーパーするカット技法である。

問5 インサイドテーパーカットは、パネルの内側をテーパーするカット技法であり、毛が内側に入りやすくなる。

問6 レフトサイドテーパーカットは、パネルの左側をテーパーするカット技法で、毛先が左へ流れる動きが出る。

問7 パーマネントウェーブで使われるパーマ剤の主流は一浴式のコールドタイプである。

問8 パーマ剤のうち還元剤としての1剤は、チオグリコール酸やシステインを主な有効成分とする。

問9 ワインディングにおいて、顔と反対方向に、サイドが斜め後方に並ぶようにロッドを配列していくスタイルをフォワードスタイルという。

問10 パーマ剤によるフルウェーブにおいては、使用するロッドの4回転分の毛髪の長さを必要とする。

答1 ○

なお、セニングカットにおいては、分け目や頭頂部はセニングしすぎないことも心に留める。

答2 ○

シザーズのカット技法がレザーのカット技法を由来としているため、名称が共通している。

答3 ✕

ボスサイドテーパーカットは、テーパーの面による分類の一つで、パネルの内側外側の両方をテーパーするレザーカット技法である。

答4 ○

ノーマルテーパーカット、エンドテーパーカット、ディープテーパーカットは、テーパーの深さによる分類である。

答5 ○

反対に、アウトサイドテーパーカットは、パネルの外側をテーパーするカット技法で、毛が外側にはねやすくなる。

答6 ✕

レフトサイドテーパーカットは、パネルの左側をテーパーするカット技法で、毛先が右へ流れる動きが出る。

答7 ✕

パーマネントウェーブで使われるパーマ剤の主流は、二浴式のコールドタイプである。

答8 ○

主流はチオグリコール酸であり、毛髪修復作用のあるシステインを用いる場合は特にシステインタイプと呼ばれる。

答9 ✕

顔と反対方向に、サイドが斜め後方に並ぶようにロッドを配列していくスタイルをリバーススタイルという。

答10 ✕

パーマ剤によるフルウェーブにおいては、使用するロッドの3回転分の毛髪の長さを必要とする。

9 美容技術理論⑥

問1
通常、毛先に比べて根元はパーマネントウェーブがかかりにくい。

問2
ワインディング前に1剤を塗布し、ワインディング後に再度1剤を塗布する手法を水巻きという。

問3
テストカールにおいて、適正カールとは、カール径が使ったロッドの約2.5倍の場合をいう。

問4
パーマネントウェーブにおける中間リンスとは、1剤と2剤の間にリンス剤を塗布して毛髪のダメージを防止することをいう。

問5
カールステムとは、ベースからカールの巻き始められるところをいう。

問6
カールの転回点であって、ステムの方向と角度を1つに結びつけるところをピボットポイントという。

問7
リフトカールは、ベースの周囲を一定の大きさにスライスして巻くストランドカールである。

問8
メイポールカールは、ステムもループも頭皮に対して立ち上がったスタンドアップカールである。

問9
クロッキノールカールは、毛先に一番強いカールが出る毛先巻き方式のカールである。

問10
毛髪が左巻きに巻かれているカールをクロックワイズワインドカールという。

答1
○
毛先は紫外線によるダメージや、カラーリング、シャンプー等によって、根元よりもパーマネントウェーブがかかりやすい。

答2
×
ワインディング前にも後にも1剤を塗布する手法をつけ巻きという。水巻きは、ワインディング前には何も塗布しない手法をいう。

答3
○
カール径がロッドの2.5倍以下の場合はオーバータイム、2.5倍以上の場合はタイム不足と判断される。

答4
×
パーマネントウェーブにおける中間リンスとは、次の2剤を効果的にはたらかせるために1剤をぬるま湯で完全に流すことをいう。

答5
○
なお、ベースからループまでのカールされた毛束全体をカールストランドという。

答6
○
転回点とはカールが巻き始められ曲がり始める起点のことで、ピボットポイントとはカールの転回点のことをいう。

答7
○
なお、ベースの底辺だけをスライスしながら巻くカールを、シェーピングカールという。

答8
×
メイポールカールは、ループ自体に厚みはあるものの、ステムもループも頭皮に対して0°に近い、平らなフラットカールである。

答9
○
カールの形状による分類では、他に根元部分に強いカールの出る根元巻き方式、中間に強いカールの出る中巻き方式がある。

答10
×
クロックワイズワインドカールは、毛髪が右巻き（時計が進む方向）に巻かれたカールをいう。

5

美容技術理論⑥

10 美容技術理論⑦

問1 頭部右側では、クロックワイズワインドカールはフォワードカールである。

問2 ストランドカールのベースのうち、オブロングベースはステムが長く、方向も決めやすい。

問3 ストランドカールのベースのうち、パラレログラムベースはコームアウトした際に割れ目ができにくく、額の生え際に適している。

問4 カールステムにおいて、ステムの方向は仕上がりの際のボリュームに関係してくる。

問5 方向が同じステムでも、角度が変わればピボットポイントの位置は3次元的に変化する。

問6 クロッキノールカールにおけるカールピニングは、毛量が多い場合はループの下側をオープンエンド側から両面打ちする。

問7 フィンガーウェーブとスカルプチュアカールが交互に配置されたウェーブをローラーウェーブという。

問8 カールウェーブにおいて、ウェーブ幅が3cmの場合、ループの半径は2cmとなる。

問9 カールウェーブにおいて、ベースをとるためのスライス線はウェーブ幅の1／3、カールスペースはウェーブ幅の1／2である。

問10 縮毛矯正の1剤は、ネープから毛束をとって、根元部分は少しあけるようにして塗布する。

答1 ✕

頭部右側では、カウンター・クロックワイズワインドカールがフォワードカールである。

答2 ◯

なお、オブロングベースとは長方形にベースをとる方式のことをいう。

答3 ✕

コームアウトした際に割れ目ができにくく、額の生え際に適しているのは、三角形にベースをとるトライアンギュラーベースである。

答4 ✕

カールステムにおいて、ステムの方向は毛髪の流れを決める。仕上がりのボリュームは、ステムの角度によって決まってくる。

答5 ◯

例えばステムの角度が0°に近ければピボットポイントはベースのスライス線からステムの延長線上に存在する。

答6 ◯

なお、毛量が少ない場合には、オープンエンド側から片面打ちする。

答7 ✕

ローラーウェーブではなくスキップウェーブである。ローラーウェーブは、字のごとくローラーを使ってつくるウェーブのことである。

答8 ✕

ループの半径ではなく直径である。ウェーブ幅とループの間には、ループの直径＝ウェーブ幅×2／3の関係が成り立つ。

答9 ✕

カールウェーブにおいて、ベースをとるためのスライス線はウェーブ幅の1／2、カールスペースはウェーブ幅の1／3である。

答10 ◯

縮毛矯正の1剤は、軟化しづらいネープから毛束をとって、根元部分は避けるようにして塗布する。

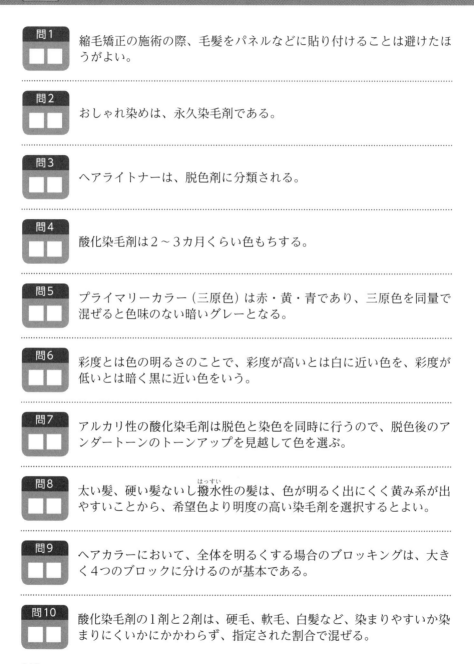

11 美容技術理論⑧

問1 縮毛矯正の施術の際、毛髪をパネルなどに貼り付けることは避けたほうがよい。

問2 おしゃれ染めは、永久染毛剤である。

問3 ヘアライトナーは、脱色剤に分類される。

問4 酸化染毛剤は2～3カ月くらい色もちする。

問5 プライマリーカラー（三原色）は赤・黄・青であり、三原色を同量で混ぜると色味のない暗いグレーとなる。

問6 彩度とは色の明るさのことで、彩度が高いとは白に近い色を、彩度が低いとは暗く黒に近い色をいう。

問7 アルカリ性の酸化染毛剤は脱色と染色を同時に行うので、脱色後のアンダートーンのトーンアップを見越して色を選ぶ。

問8 太い髪、硬い髪ないし撥水性の髪は、色が明るく出にくく黄み系が出やすいことから、希望色より明度の高い染毛剤を選択するとよい。

問9 ヘアカラーにおいて、全体を明るくする場合のブロッキングは、大きく4つのブロックに分けるのが基本である。

問10 酸化染毛剤の1剤と2剤は、硬毛、軟毛、白髪など、染まりやすいか染まりにくいかにかかわらず、指定された割合で混ぜる。

答1 ⭕ 縮毛矯正の際、毛髪をパネルに貼り付けたり、必要以上に強くコーミングすることは、断毛等ダメージの原因となるから避けた方がよい。

答2 ⭕ 永久染毛剤に分類されるヘアカラーには、おしゃれ染め、ヘアダイ、白髪染めなどがある。

答3 ⭕ ヘアライトナーは1剤に酸化染料が含まれておらず、いわゆるブリーチ剤ほどは明るくならないが、分類上は脱色剤とされる。

答4 ⭕ 酸化染毛剤は1回でしっかり染まり、シャンプー等によっても色落ちしない。

答5 ⭕ この三原色の混合を、減法混色という。

答6 ❌ 彩度とは色の鮮やかさのことで、彩度が高いとは鮮やかな色を、彩度が低いとはくすんだ色をいう。

答7 ⭕ なお、アンダートーンとは毛髪の下地の色味のことをいう。

答8 ❌ 太い髪、硬い髪ないし撥水性の髪は、黄み系ではなく赤み系が出やすい。

答9 ❌ 大きく4つのブロックに分けるのは、全体を暗くする場合のブロッキングである。全体を明るくする場合は細かく8つのブロックに分ける。

答10 ⭕ 染まり具合に対しては、1剤と2剤の混合の割合を変えるのではなく、2剤の濃度を変えることで対応する。

5 美容技術理論⑧

12 美容技術理論⑨

問1 酸化染毛剤において全体を明るくする場合は、染まりにくいネープや耳上3cmほどのもみあげ部分から染毛剤を塗布していく。

問2 酸化染毛剤によるヘアカラーリングにおいて、ヘアブリーチの放置時間の目安は、約20〜40分間である。

問3 酸化染毛剤において、放置時間がある程度経過した時点で、発色や皮膚の状態を確認することをカラーチェックという。

問4 脱色（ヘアブリーチ）する際には、ブロッキングは細かく、塗布はスピーディに行い、塗布作業にかかる時間差は放置時間で調整する。

問5 フェイシャルケアで、クレンジングでは落としきれない老化角質や過剰皮脂を取り除くクレンジングをディープクレンジングという。

問6 フェイシャルケアのマッサージオイルは肌質に応じて選び、乾燥肌の場合は油分と水分をともに補給できるタイプを選ぶとよい。

問7 ピールオフタイプのフェイシャルパックの放置時間は10〜20分ほどだが、赤外線照射で乾燥を助長して時間短縮することが多い。

問8 肌質のうち、部分的に大きく毛穴が開きがちなのは脂性肌である。

問9 ネイルシェイプの種類の中で、サイドとトップに丸みをもたせた卵形のネイルをオーバルという。

問10 マニキュアのファイリングにおいて、エメリーボードはセンターからサイドへ一方向にのみかけ、往復はさせない。

答1
○

なお、全体を暗くする場合には、毛髪が明るいフロント部分から塗布するとよい。

答2
×

ヘアブリーチの放置時間の目安は約5〜20分間、ヘアカラーの放置時間の目安は約20〜40分間である。

答3
○

中間部、毛先に塗布後、一定時間放置し当該部分が希望色に近づいたら根元部分をネープから塗布、再び放置する。

答4
×

塗布作業にかかる時間差は塗布量で調整し、最初は少なめに、だんだん多くしていく。

答5
○

クレンジングの後にディープクレンジングを行うことで、次のマッサージやパックの効果を高めることができる。

答6
○

なお、脂性肌の場合は油分の少ないオイルを選ぶとよい。

答7
○

なお、ウォッシュオフタイプの放置時間は素材によるが、自然放置か赤外線照射、スチーマー噴射、ODT法が行われる。

答8
×

脂性肌は全体的に毛穴が開いている。部分的に大きく毛穴が開いているのは混合肌である。

答9
○

なお、サイドはストレートでトップが丸くカットされているネイルをラウンドという。

答10
×

「センターからサイド」ではなく「サイドからセンター」である。

5

美容技術理論⑨

13 美容技術理論⑩

問1 アーティフィシャルネイルのうち、チップを装着して爪に長さを出してからアクリルなどで爪を補強する方法をスカルプチュアという。

問2 ファンデーションの種類のうち、汗に強く、カバー力も耐久力もあるのはクリームタイプのファンデーションである。

問3 アイブロウメイクアップにおいて、アイブロウペンシルは芯のかたいものを選び、眉山、眉中、眉頭の順に描くのが基本である。

問4 リップメイクアップにおいては、まず上唇の口角（こうかく）から中央に向かって塗り、次に下唇の口角から中央に向かって塗る。

問5 まつ毛エクステンションにおけるカウンセリングは、来店前、施術前、施術後の3回行う必要がある。

問6 まつ毛エクステンションの装着時期は、自毛となじみやすいようにまつ毛の成長初期が最適である。

問7 幾何学的錯視は、①距離・大きさに関する錯視と②形・色に関する錯視に分類される。

問8 現代の日本髪の最初の型は、兵庫髷（まげ）とされている。

問9 日本髪は、基本的に、髱（かもじ）、左右の鬢（びん）、髱（たぼ）、髷の5つの部分からなる。

問10 前髪の張り出しは鼻と同じ高さに、鬢の下端はオトガイと同じ位置にそろえると調和がとれる。

答1 ✕

チップを装着して爪に長さを出してからアクリルなどで爪を補強するアーティフィシャルネイルを**チップオーバーレイ**という。

答2 ✕

汗に**強く**、カバー力も耐久力もあるのは**ケーキ**タイプのファンデーションである。クリームタイプは**油分**が多く、**カバー力**がある。

答3 ◯

なお、眉山とは黒目の**外側**の延長線と**目尻**の延長線との間のことをいう。

答4 ◯

なお、唇の口角部分は**上下**が**同じ厚み**になるように塗る。

答5 ◯

来店前はアイメイクアップを落とすことを伝えたり、施術中は**体調・体質**の質問をしたり、施術後はアレルギーの説明をしたりする。

答6 ✕

まつ毛エクステンションの装着時期はまつ毛の成長**初期**は避けて、成長期の**終わり**～退行期が始まる頃が最適である。

答7 ✕

幾何学的錯視は①距離・**大きさ**に関する錯視と②角度・**方向**に関する錯視の2つに分類される。

答8 ◯

兵庫髷は江戸初期～中期にかけて流行した女性の髪の結い方である。

答9 ✕

「髱」ではなく「前髪」である。髱とは、髷にボリュームを出すためのつけ髪であり、根元につける**根髱**、前髪につける**前髪髱**などがある。

答10 ✕

鬢の下端は**鼻翼**と同じ位置にそろえるのが標準である。

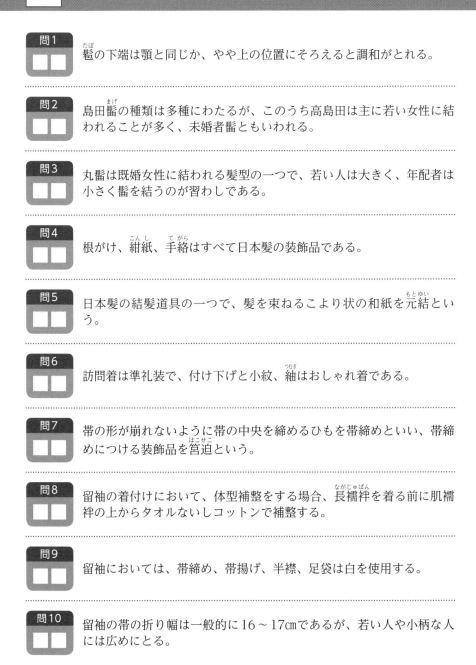

問1
髷の下端は顎と同じか、やや上の位置にそろえると調和がとれる。

問2
島田髷の種類は多種にわたるが、このうち高島田は主に若い女性に結われることが多く、未婚者髷ともいわれる。

問3
丸髷は既婚女性に結われる髪型の一つで、若い人は大きく、年配者は小さく髷を結うのが習わしである。

問4
根がけ、紺紙、手絡はすべて日本髪の装飾品である。

問5
日本髪の結髪道具の一つで、髪を束ねるこより状の和紙を元結という。

問6
訪問着は準礼装で、付け下げと小紋、紬はおしゃれ着である。

問7
帯の形が崩れないように帯の中央を締めるひもを帯締めといい、帯締めにつける装飾品を筥迫という。

問8
留袖の着付けにおいて、体型補整をする場合、長襦袢を着る前に肌襦袢の上からタオルないしコットンで補整する。

問9
留袖においては、帯締め、帯揚げ、半襟、足袋は白を使用する。

問10
留袖の帯の折り幅は一般的に16〜17cmであるが、若い人や小柄な人には広めにとる。

答1
〇
なお、額が突出している人は前髪の張り出しを少し<u>大きめ</u>にするなど、個別に細かな調整や配慮を必要とする。

答2
〇
高島田の中でも特に豪華な<u>文金高島田</u>は、<u>婚礼</u>のときに結われる<u>髪型</u>とされている。

答3
〇
丸髷は、江戸時代の勝山髷を起源とし、幕末に完成した結い方であり、<u>明治</u>時代に<u>既婚女性</u>の髪型として定着した。

答4
✕
「紺紙」は髻、鬢、髱の裏側に崩れ防止のために貼るものであり、<u>結髪道具</u>の一つである。

答5
〇
元結は、主に<u>髷</u>の根元を結わえるために用いる。

答6
✕
付け下げは訪問着同様、<u>準礼装</u>である。なお、女性の礼装は、<u>振袖</u>や<u>留袖</u>である。

答7
✕
帯締めにつける装飾品は<u>帯留め</u>である。<u>筥迫</u>は、花嫁衣装のときには必ず着用する、今でいう<u>化粧ポーチ</u>で、懐に挟むように携帯する。

答8
〇
体型補整は、<u>長襦袢</u>の上ではなく、長襦袢を着る前に<u>肌襦袢</u>の上で行うことに注意する。

答9
〇
なお、半襟とは、<u>長襦袢</u>につける襟で、長襦袢の襟部分に汚れがつかないように保護するためのものである。

答10
✕
小柄な人は帯幅を狭くとる。広くとるのは<u>大柄な人</u>である。なお、帯幅を狭くとった場合は<u>お太鼓</u>や<u>たれ</u>も合わせて小さくする。

5

美容技術理論⑪

本書の正誤情報や法改正情報等は、下記のアドレスでご確認ください。
http://www.s-henshu.info/bysr2402/

上記掲載以外の箇所で正誤についてお気づきの場合は、**書名・発行日・質問事項**（該当ページ・行数・問題番号などと誤りだと思う理由）**・氏名・連絡先**を明記のうえ、お問い合わせください。
・web からのお問い合わせ：上記アドレス内【正誤情報】へ
・郵便またはFAX でのお問い合わせ：下記住所またはFAX番号へ
※電話でのお問い合わせはお受けできません。

[宛先] コンデックス情報研究所
『スピード攻略！ 美容師国家試験集中レッスン』係
住　　所：〒359-0042　所沢市並木3-1-9
FAX番号：04-2995-4362（10:00～17:00　土日祝日を除く）

※本書の正誤以外に関するご質問にはお答えいたしかねます。また、受験指導などは行っておりません。
※ご質問の受付期限は、各試験日の10日前必着といたします。
※回答日時の指定はできません。また、ご質問の内容によっては回答まで10日前後お時間をいただく場合があります。
あらかじめご了承ください。

本文イラスト：オブチミホ・矢寿ひろお・島村圭之

編著：コンデックス情報研究所
1990年6月設立。法律・福祉・技術・教育分野において、書籍の企画・執筆・編集、大学および通信教育機関との共同教材開発を行っている研究者・実務家・編集者のグループ。

スピード攻略! 美容師国家試験 集中レッスン

2023年7月20日発行

編 著　コンデックス情報研究所

発行者　深見公子

発行所　成美堂出版
〒162-8445　東京都新宿区新小川町1-7
電話(03)5206-8151　FAX(03)5206-8159

印 刷　大盛印刷株式会社

©SEIBIDO SHUPPAN 2021　PRINTED IN JAPAN
ISBN978-4-415-23371-0
落丁・乱丁などの不良本はお取り替えします
定価はカバーに表示してあります

・本書および本書の付属物を無断で複写、複製(コピー)、引用することは著作権法上での例外を除き禁じられています。また代行業者等の第三者に依頼してスキャンやデジタル化することは、たとえ個人や家庭内の利用であっても一切認められておりません。